In unseren Veröffentlichungen bemühen wir uns, die Inhalte so zu formulieren, dass sie Frauen und Männern gerecht werden, dass sich beide Geschlechter angesprochen fühlen, wo beide gemeint sind, oder dass ein Geschlecht spezifisch genannt wird. Nicht immer gelingt dies auf eine Weise, dass der Text gut lesbar und leicht verständlich bleibt. In diesen Fällen geben wir der Lesbarkeit und Verständlichkeit des Textes den Vorrang. Dies ist ausdrücklich keine Benachteiligung von Frauen oder Männern.

WERTE STARTER
Stiftung für Christliche Wertebildung
Christliche Wertebildung gGmbh

Dieser Titel entstand in Zusammenarbeit mit WERTESTARTER*, Stiftung für Christliche Wertebildung, Christliche Wertebildung gGmbH

Impressum

ejw Evangelisches Jugendwerk in Württemberg

ISBN Buch 978-3-86687-170-0
ISBN E-Book 978-3-86687-171-7

Lektorat: Punkt.Landung, Mirja Wagner, Marburg
Umschlaggestaltung: buch+musik – Claudia Siebert, Kassel
Gestaltung und Satz: Benjamin Funk, Gan Ner, Israel
Bildrechte Umschlag: © PongsakornJun, iStock
Bildrechte Inhalt und Umschlagrückseite: ['blu:boks] BERLIN
Bildrechte Autorenfoto: Christiane Meyer
Druck und Gesamtherstellung: Werbedruck GmbH Schreckhase, Spangenberg

www.ejw-buch.de

Carsten Stier

DIE SELBSTWERT MANUFAKTUR

['blu:boks] BERLIN: ein sozial-kulturelles Projekt zur Förderung von Kindern und Jugendlichen – DAS KONZEPT FÜR EIGENE PROJEKTE

buch+ musik

WERTE STARTER
Stiftung für Christliche Wertebildung
Christliche Wertebildung gGmbh

STARTHILFE

Inhaltsverzeichnis

Von der PRAXIS LERNEN

Vom WORT zur TAT

Anhang

Alle Namen und Angaben zu den Teilnehmenden wurden aus Gründen des Schutzes ihrer Privatsphäre geändert.

Vorwort

Singen, Spielen, Tanzen, Werken, Musizieren, damit das Leben schöner und reicher wird. Diese Konzeption zur musischen Bildung passt auf die Rückseite einer Streichholzschachtel und beschreibt das musisch-kulturelle Konzept der ['blu:boks], das wir in dieser Starthilfe vorstellen.

Die Stiftung für Christliche Wertebildung (WERTESTARTER*) unterstützt einerseits Träger und Initiativgruppen, die in den Bereichen christliche Kindergärten, Schulen, Jugendarbeit und Mitarbeiterqualifizierung tätig werden wollen. Andererseits haben wir es uns auch zur Aufgabe gemacht, gelungene Beispiele bekannt zu machen, damit sie Nachahmer und Nachahmerinnen finden. Auch die Selbstwertmanufaktur in Berlin-Lichtenberg ist zwar ein Berliner Projekt, könnte aber auch in Köln, in München, in Düsseldorf und auch im ländlichen Raum zur Umsetzung kommen. Viele Christen sind initiativ und wollen helfen, das Bild unserer Gesellschaft durch Bildung und Ausbildung, die an christlichen Werten orientiert ist, zu verändern. Das Wollen ist das eine. Häufig bleibt eine hohe Motivation im Sand stecken, weil man nicht weiß, wie es geht. Das war für unsere Stiftung die Motivation, die Publikationsreihe „Starthilfe" zu schaffen. Unsere Starthilfen kommen aus der Praxis und sind für die Praxis bestimmt. Carsten Stier ist Praktiker. Er hat jahrelang als pädagogischer Mitarbeiter in der ['blu:boks] mitgewirkt und ist seit 2016 der pädagogische Leiter. Pläne, Checklisten, pädagogische Fragen, Rechtsfragen, Anleitung der Mitarbeitenden – all diese Themen hat er selbst durchgemacht und sie nun beschrieben. Die wertvollen Denkanstöße, die er hier gibt, helfen bei der Verwirklichung eines eigenen Projektes, egal welcher Größe.

Der Initiator der ['blu:boks] ist Torsten Hebel, der 2009 mit dieser Arbeit unter benachteiligten jungen Menschen in Lichtenberg, einem Stadtteil Berlins, begann. Eine grundlegende Erkenntnis, die zu dieser Arbeit geführt hat, war die Tatsache, dass Kinder kein gesundes Selbstwertgefühl entwickeln und ihre Entwicklung gefährdet ist, wenn sie nicht erkennen, dass sie wertvolle, geliebte und bejahte Menschen sind. Ein Schlüsselzitat von Albert Schweitzer lautet: „Wer den Weg kennt, der muss ihn auch gehen." Und so begann Torsten Hebel mit ehrenamtlichen Mitarbeiterinnen und Mitarbeitern diesen Weg zu gehen, um jungen Menschen die Erfahrung der bedingungslosen Annahme zu vermitteln. Jeder darf in die ['blu:boks] kommen, wie er ist, niemand wird ausgeschlossen. So ist das Gebot der christlichen Nächstenliebe in diesem Projekt zur Tat geworden. Einer unserer Schlüsselbegriffe ist „Würde". Jeder Mensch hat eine unverlierbare Würde. Gesunde und Starke, ebenso Bedürftige und Schwache, auch Ungeborene und Sterbende – jeder Mensch ist Gottes Ebenbild und hat eine eigene unveräußerliche und unantastbare Würde. Als WERTESTARTER* achten wir die Würde jedes Menschen, treten für sie ein und helfen mit, dass Menschen Chancen bekommen, die ihnen andere nicht geben: durch Erziehung und Bildung, durch Förderung und Begleitung. In der ['blu:boks] haben viele junge Menschen durch eine Kultur der Wertschätzung ihre Würde zurückbekommen, die ihnen die Lebensumstände, schwierige Verhältnisse, Ausgrenzung und Missachtung genommen haben. Wenn man die ['blu:boks] besucht, mit den Mitarbeitenden und den jungen Menschen spricht, stellt man fest, dass es eine Basis des Vertrauens gibt. Ohne Vertrauen ist Leben fast nicht denkbar. Wir leben vom Vertrauen zueinander und ohne Vertrauen kann der Mensch nicht leben. Vertrauen wird in der Kindheit gelebt und prägt das ganze Leben. Urvertrauen ist die Grundlage des Lebens. Und wenn dieses Vertrauen zerstört wird, dann führt es oft zur Resignation, zur Hoffnungslosigkeit und zu einer Reihe von Fehlverhalten. In jedem aggressiven und gewalttätigen Verhalten von jungen Menschen begegnet uns auch immer ein Hilfeschrei. Es ist ein langer Weg, bis junge Menschen ihre Würde wieder zurückgewinnen und ihr zerstörtes Vertrauen wieder neu aufgebaut ist. Mit dieser Starthilfe wollen wir als Stiftung Mut machen, dass Menschen den Weg der ['blu:boks] auch an anderen Orten gehen. Mit dieser Starthilfe wollen wir aber auch Danke sagen für die Mitarbeiterinnen und Mitarbeiter, die einen schwierigen und oft auch steinigen Weg gegangen sind, damit junge Menschen eine Perspektive gewinnen für ein gelingendes Leben.

Das Projekt ['blu:boks] ist mit dem Wertestern 2016 ausgezeichnet worden. Damit hat diese sozial-kulturelle Arbeit mit Kindern und Jugendlichen Würdigung und Anerkennung gefunden – herzlichen Glückwunsch.

Hartmut Hühnerbein
Vorstandsvorsitzender Stiftung für Christliche Wertebildung

Martin Knispel
Geschäftsführer

WERTE STARTER
Stiftung für Christliche Wertebildung
Christliche Wertebildung gGmbh

Die WERTESTARTER*, Stiftung für Christliche Wertebildung
Als Anstifter für mehr Werteorientierung hilft die Stiftung mit, dass in Deutschland und darüber hinaus der christliche Bildungsauftrag erfüllt wird. Insbesondere fördert die Stiftung die Gründung von christlichen Kitas und Schulen, sie unterstützt außerschulische Bildung und ehren- und hauptamtliche Mitarbeitende in Gemeinden und Werken.
Mehr dazu unter: www.wertestarter.de

Der Blick von außen

Anerkennung, Respekt und Wertschätzung zu vermitteln und auf diese Weise den Selbstwert von jungen Menschen aus sozial benachteiligten Lebenslagen nachhaltig zu stärken – das ist das Anliegen der sozial-kulturellen Jugendarbeit ['blu:boks] BERLIN.

Seit nunmehr sieben Jahren engagiert sich die ['blu:boks] BERLIN für junge Menschen in sozialen Brennpunkten der Bundeshauptstadt Berlin. Ihrer Selbstbezeichnung nach versteht sie sich als „Selbstwertmanufaktur". „Hybris" wird der eine denken, „professioneller Marketing-Claim" ein anderer. Doch wer die Angebote und die Atmosphäre der ['blu:boks] BERLIN einmal vor Ort erlebt hat, wird eines Besseren belehrt: Hier engagieren sich Menschen aus dem christlichen Glauben heraus für junge Menschen in schwierigen Lebenslagen. Und das mit einer Liebe und positiven Ausstrahlung, die Hoffnung macht.

Wer diese Starthilfe zur Hand nimmt und aufmerksam liest, wird in dreierlei Hinsicht von der Lektüre profitieren:

Erstens bietet das Buch einen tiefen, offenen und ehrlichen Einblick in die Entstehung, den Aufbau, das Konzept und die Angebote der ['blu:boks] BERLIN. Das erleichtert das Kennenlernen dieses „Best-Practice-Beispiels" der sozial-kulturellen Jugendarbeit in unserer Hauptstadt. Gleichzeitig zeigt das Buch auf, wie ausgehend von der Vision eines Einzelnen eine Bewegung entstanden ist, die nachhaltig das Leben von jungen Menschen positiv beeinflusst. Das macht Mut, selbst die eigenen Visionen in den Blick zu nehmen, zu schärfen und in die Tat umzusetzen. Unterstützt wird dies durch Statements von Teilnehmenden, Eltern und Mitarbeitenden der städtischen Verwaltung. Auf diese Weise zeichnet der Autor Carsten Stier als neuer Leiter der ['blu:boks] BERLIN auf, welches Potenzial entfaltet werden kann, wenn jungen Menschen Raum für Wachstum und die nötige Unterstützung gegeben wird.

Zweitens ist das Buch eine Starthilfe im eigentlichen Sinn. Durch die Darstellung der einzelnen Konzeptelemente der ['blu:boks] BERLIN und der Konkretion anhand von Erlebnisberichten, Interviews und Statements von Teilnehmenden wird exemplarisch aufgezeigt, wie soziale Not gelindert werden kann. Der klare Aufbau, der sich an den W-Fragen einer Projektentwicklung orientiert, erleichtert den Einstieg in das Buch. Für die Entwicklung von Sozialprojekten an anderen Standorten in Deutschland und darüber hinaus ermöglichen Reflexionsfragen am Ende der Kapitel als „Denkanstöße" den Transfer für den Start einer eigenen Arbeit vor Ort. Damit verbleibt die Starthilfe nicht in einer Darstellung eines Best-Practice-Beispiels, sondern ermöglicht ein exemplarisches Lernen und die reflektierte Anwendung für eigene Projekte in Vereinen, Kirchengemeinden oder der Gesellschaft. So werden hilfreiche Tipps zur sozialräumlichen Kontextanalyse ebenso aufgezeigt wie konkrete Ideen für ein Fundraisingkonzept.

Drittens zeigt die ['blu:boks] BERLIN mit ihrem Konzept gewissermaßen eine neue Art der christlichen Arbeit mit Kindern und Jugendlichen auf: Denn wie kann und soll die Botschaft des christlichen Glaubens jungen Menschen vermittelt werden, die in einem oftmals religionslosen Kontext aufwachsen? Der Ansatz, über praktizierte Nächstenliebe als „Kultur der Wertschätzung“ jungen Menschen zu begegnen und aus dem christlichen Glauben heraus zu handeln, ist für manche sicher herausfordernd. Gleichzeitig folgt dies der Weisheit: „Dein Leben redet mehr als das, was du sagst.“ Dem christlichen Glauben, der den Menschen als einzigartiges Geschöpf Gottes mit Talenten, Begabungen und Potenzial ausgestattet sieht, durch die Vermittlung von Anerkennung, Respekt, Wertschätzung, Liebe und Hoffnung zu begegnen, fragt nach der Sichtbarkeit des individuellen Glaubens der Mitarbeitenden in der Praxis.

Dass die vorliegende Starthilfe ebenfalls aufzeigt, wie sich die ['blu:boks] BERLIN seit ihrer Entstehung ständigen dynamischen Handlungsprozessen unterworfen sieht und zum Teil auch kurz vor dem Scheitern stand, verdeutlicht, dass es nicht das eine Patentrezept gibt, sondern ausgehend von der Vision immer wieder geprüft werden muss, wie diese unter den aktuellen Gegebenheiten, mit den derzeitigen finanziellen Ressourcen, Mitarbeitenden und Teilnehmenden Realität werden kann. Jede Vision gewinnt Gestalt durch den ersten mutigen Schritt einer einzelnen Person. Mit dem vorliegenden Buch wird dieser Schritt realistischer.

Prof. Dr. Germo Zimmermann
CVJM-Hochschule Kassel

Die ['blu:boks] BERLIN

1. Das Leitbild, das Fundament und die Werte der Arbeit

1.1 Eine Einführung

Die ['blu:boks] BERLIN ist eine sozial-kulturelle Kinder- und Jugendeinrichtung mit Hauptsitz in Berlin. Sie entdeckt und fördert die kreativen Begabungen junger Menschen, die wenig Zugang zu kultureller Bildung haben. Ihr Ziel ist es, das Selbstwertgefühl und die Selbstwirksamkeit der Kinder und Jugendlichen zu entwickeln und zu stärken, damit sie auf dieser Grundlage aktive und hoffnungsvolle Mitgestaltende der Gesellschaft werden. „Wir sind davon überzeugt: Jeder hat ein Talent, das gefunden und gefördert werden möchte", lautet die Kernaussage der ['blu:boks] BERLIN.

Die Arbeit

Die ['blu:boks] BERLIN bietet Kindern und Jugendlichen ab 8 Jahren wöchentliche, kostenlose Workshops in den Bereichen Musik, Tanz, Schauspiel, Kostümdesign, Musikproduktion, bildende Künste und Multimedia an. In diesen Workshops entwickeln die Teilnehmenden mit professionellen Künstlern und Künstlerinnen Projekte wie Rap-Songs, Musikvideos, Kostüme, Theaterstücke, Hörspiele und Choreografien. Die Ergebnisse dieser Projekte fließen in die Entwicklung und Aufführung einer abendfüllenden Bühnenproduktion ein, die auf einer professionellen Berliner Theaterbühne zur Aufführung kommt.
Da der Grundstein für die Entwicklung des Selbstwertgefühls eines Kindes früh gelegt wird, hat die ['blu:boks] BERLIN als Zusatzangebot für jüngere Kinder von 5 bis 7 Jahren ein eigenes erlebnispädagogisches Bewegungs- und Spielangebot konzipiert, das Gruppenerfahrungen wie gemeinsames Singen, Kochen und Spielen beinhaltet.
In allen Angeboten steht die Wertschätzung der Kinder und Jugendlichen im Vordergrund. Der Betreuungsschlüssel zwischen Teilnehmenden und Mitarbeitenden ist hoch und ihre Arbeit auf Kontinuität, Langfristigkeit und Nachhaltigkeit angelegt. Der Aufbau und die Intensivierung der Beziehung zu den Teilnehmenden ist neben den kreativ-künstlerischen Aspekten ein gleichwertiger Teil der Arbeit. Um den Kindern und Jugendlichen bei persönlichen Problemen zu helfen, sind „Lifecoaches", ausgebildete Pädagogen und Pädagoginnen, jederzeit ansprechbar. Sie begleiten die Kinder bzw. Jugendlichen in den Workshops, auf den Freizeitcamps und bei Problemen im Alltag.
Sechs hauptamtliche Mitarbeitende, sieben Honorarkräfte und zwanzig Ehrenamtliche sind für die Einrichtung tätig, welche sich ausschließlich durch Spenden und Förderungen finanziert.

Der Name

Die „Blue Box"-Technik ist ein Verfahren in der Film- und Fernsehproduktion, das ermöglicht, Gegenstände oder Personen nachträglich vor einen anderen Hintergrund zu setzen. Die ['blu:boks] BERLIN verändert den Hintergrund von Kindern und Jugendlichen durch persönliche Begleitung, ästhetische Bildung und kreative Förderung. Ein neuer Hintergrund von Werten und vor allem Liebe wird somit nachträglich in die Biografien der Kinder und Jugendlichen eingearbeitet, damit diese einer hoffnungsvolleren Zukunft entgegensehen können.

Der Ort

Die ['blu:boks] BERLIN arbeitet im Stadtteil Fennpfuhl des Berliner Bezirks Lichtenberg, der als sozialer Brennpunkt gilt. Lichtenberg ist der am zweitdichtesten besiedelte Stadtteil Berlins. 45% der unter 15-Jährigen sind von Kinderarmut betroffen. 46% der unter 18-Jährigen haben in diesem Stadtteil einen Migrationshintergrund.
Viele Kinder und Jugendliche, die in die ['blu:boks] BERLIN kommen, wohnen in Sozialwohnungen. Die meisten Familien dieser Kinder und Jugendlichen bestreiten ihren Lebensunterhalt aus Sozialleistungen. Sie sind von Arbeitslosigkeit betroffen oder verdienen ihr Einkommen auf dem Niedriglohnsektor. Der Anteil der alleinerziehenden Elternteile ist hoch, was teilweise mit Überforderung bei der Erziehung und starkem finanziellen Druck einhergeht. Jugendliche, die die Schule verlassen, sind oft nicht ausreichend auf die Ausbildungs- und Berufswelt vorbereitet und haben starke Defizite in den Bereichen der emotionalen und der sozialen Kompetenzen. Künstlerische und kreative Bildungsangebote in den Schulen sind rar. Kostenpflichtige Alternativangebote können von den Eltern aus finanziellen oder anderen Gründen oft nicht ermöglicht werden.

1.2 Die christliche Ausrichtung der ['blu:boks] BERLIN

„Wir wollen Lobbyarbeit für die Menschen leisten, die keine Lobby haben. Denn genau das hat Jesus getan.“
Martin Schaefer, Geschäftsführer der ['blu:boks] Kinder- und Jugend gGmbH

Die ['blu:boks] BERLIN ist eine Einrichtung, die von Christen geleitet wird. Dreh- und Angelpunkt der Arbeit ist der vom christlichen Glauben her begründete Zuspruch von Liebe und Hoffnung und praktisch erlebbare Annahme eines jeden.
Torsten Hebel, Gründer der Arbeit, schreibt dazu in seinem Buch „Freischwimmer“: „Viele Christen sind sich einig, dass die Kirche, und damit meinen sie eigentlich den Glauben, in einer großen Krise steckt. Vor allem in einer Relevanz- und Wertekrise. Das Paradoxe an diesem Zustand ist, dass das Bedürfnis nach Orientierung in unserer Gesellschaft stetig und global wächst. Überall auf der Welt sind aus diesem Grund fundamentalistische und radikale Strömungen auf dem Vormarsch. Ich habe mit der ['blu:boks] BERLIN den Versuch gestartet, christliche Werte wie Vertrauen, Liebe und Hoffnung in jungen Menschen wachsen zu lassen. Denn ich bin davon überzeugt, dass diese Kinder dann später als Erwachsene Vertrauen, Liebe und Hoffnung verkörpern. Die Liebe ist der wichtigste dieser drei Werte. Aber um lieben zu können, muss ich zunächst einmal Liebe erfahren haben. Lieben setzt geliebt werden voraus! Doch wie erleben Kinder und Jugendliche Liebe? Was brauchen sie, um sich geliebt zu fühlen? Liebe und dabei gelebte Anerkennung und Wertschätzung ihrer eigenen Person. Und genau diese Wertschätzung wird mir durch

Jesus vor Augen geführt."[1] Die ['blu:boks] BERLIN orientiert sich in ihrer Ausrichtung am biblischen Zeugnis des Wirkens von Jesus Christus und seinem Umgang mit den Menschen der damaligen Zeit: „Seine Wertschätzung und Anerkennung drücken sich ganz unterschiedlich aus. (...) er macht sich Mühe, in ihrem System zu argumentieren, und begegnet ihnen auch hier mit Wertschätzung und Anerkennung."[2]

Das Fundament der Arbeit wurde vor allem anhand des biblischen Verständnisses von ganzheitlicher und karitativer Annahme hin konzipiert. Hebel erklärt im Gespräch: „Wer uns einmal besucht hat, wird erkennen, in welchem Maße die ['blu:boks] BERLIN christlich geprägt ist. Uns ist wichtig, dass Menschen in einen Lebensstil der Heilung, der Liebe und der Wertschätzung hineinwachsen und sie so zu hoffnungsvollen Mitgestaltern dieser Gesellschaft werden. Für uns sind die Schlagwörter Heilung, Befreiung und Hoffnung auf einen ganzheitlichen Lebensstil zurückzuführen. Denn jeder Mensch, unabhängig von Hautfarbe, Herkunft, sexueller Orientierung oder religiösem Bekenntnis ist von Gott geliebt und hat Hoffnung verdient. Es geht für uns beim Christsein nicht um bloße verbale Bekenntnisse, sondern auch um ein Bekennen, welches sich in einem Lebensstil der bedingungslosen Liebe, Annahme und Vergebung widerspiegelt. Es geht letzten Endes beim Christsein immer um die hoffnungsvolle, ganzheitliche Gestaltung des Lebens."
Die ['blu:boks] BERLIN sieht sich als ein Refugium für Kinder und Jugendliche, in dem sie Hoffnung tanken können. Diese Hoffnung ist darauf zielgerichtet, dass das Leben gelingt. Damit sehen sich die Mitarbeitenden der ['blu:boks] BERLIN in dem Rahmenauftrag des Evangeliums: Menschen zu befähigen, so zu leben, wie Jesus gelebt hat! Der Auftrag einer christlichen Gemeinde oder einer Kirche geht darüber hinaus. Aber die ['blu:boks] BERLIN ist keine Kirche. Sie ist anerkannter Träger der freien Jugendhilfe und hat sich in diesem Kontext an bestimmte Rahmenbedingungen zu halten. Hier spielt die Religionsmündigkeit laut Gesetzgebung eine große Rolle. Hebel erklärt: „Darüber hinaus hat mich aber immer die Frage beschäftigt, wie der Glaube an Jesus für religionslose Menschen, und damit haben wir es in überwiegender Mehrheit in unserem Kiez zu tun, erlebbar gemacht werden kann. Die Sprache des Glaubens ist in der ['blu:boks] BERLIN neben dem diakonischen Handeln immer die bedingungslose Annahme des Einzelnen, die einzige Sprache, die unsere Kinder verstehen. Wir schaffen Erlebnisräume, in denen die religiös aufgeladenen Begriffe wie Glauben und Vertrauen, Buße (in der eigentlichen Bedeutung von „Sinnesänderung"), Hoffnung (als gelebter Optimismus in die Zukunft) und Sünde (im Sinne von Zielverfehlung) ganzheitlich begriffen und erlebt werden können. All diese Voraussetzungen braucht es, um Liebe zu erfahren, zu leben und weiterzugeben."
Die ['blu:boks] BERLIN setzt voraus, dass jeder Mensch lernen muss, sich selbst zu lieben, damit diese Liebe auch an andere weitergegeben werden kann. Junge Menschen, denen aufgrund von gesellschaftlichen Systemen und familiär schwierigen Situationen der Glaube an sich selbst und ihr eigener Wert rudimentär genommen wurden, brauchen einen Ort, an dem sie Wertschätzung und Anerkennung erfahren, um in die Lage versetzt zu werden, sich mit dem Leben allumfassend auseinandersetzen zu können.

---

[1] Hebel, Torsten / Schneider, Daniel: Freischwimmer. Meine Geschichte von Sehnsucht, Glauben und dem großen, weiten Mehr, SCM Hänssler, Holzgerlingen 2015, S. 184-185. Abdruck mit freundlicher Genehmigung.

[2] Ebd.

Die ['blu:boks] BERLIN zielt genau hierauf ab. Sie schafft ein niederschwelliges, sozialräumlich orientiertes und kulturelles Angebot, in welchem die Mitte so attraktiv ist, dass sie junge Menschen automatisch anzieht und nachhaltig prägt.

In einem Vortrag in Berlin im November 2014 stellte Professor Dr. Rüdiger Gebhardt, Rektor der CVJM-Hochschule Kassel, zehn Thesen zur Diskussion, die die Wertegrundlage der ['blu:boks] BERLIN sehr gut widerspiegeln:

Zehn Thesen als Grundlage zur Diskussion[3]

1. Der christliche Glaube befindet sich in unserer gegenwärtigen gesellschaftlichen Situation in einer dreifachen Krise: in einer Traditionskrise, in einer Relevanzkrise und in einer Wertekrise.
2. Zugleich steigt der Orientierungsbedarf: Tragfähige Werte werden mehr denn je gebraucht und ersehnt.
3. Auf diesem Hintergrund ist es Zeit für eine christliche Bildungsoffensive, die sich auf das Wesentliche konzentriert, nämlich: Orientierungswissen zu generieren.
4. Orientierung wird vor allem dort möglich, wo christliche Werte in Form von „Herzensbildung" vermittelt werden.
5. Christliche Werte sind: Glaube, Liebe, Hoffnung, aber die Liebe ist der größte von ihnen.
6. Lieben setzt Geliebt-Werden voraus. Christliche Werte-Bildung basiert deshalb auf erfahrener Wert-Schätzung. Wert-Schätzung braucht als allererstes „erlebte Wertschätzung" der eigenen Person.
7. Christliche Werte werden in Bildungsprozessen nicht nur kognitiv, sondern vor allem affektiv und erfahrungsbezogen angeeignet.
8. Ebenso bedeutsam für werteorientierte Bildungsprozesse ist daher eine ausgewogene Theorie-Praxis-Balance.
9. Gute christliche Bildungsarbeit ist daher immer implizit missionarisch.
10. Bildung durch christliche Werte hat transformative Kraft und ist insofern eine Hoffnung für unsere Gesellschaft.

Genau diese transformative Kraft der Gesellschaftsveränderung strebt die ['blu:boks] BERLIN mit ihrer Arbeit in Berlin-Lichtenberg an. Ziel ist es, mit Kindern und Jugendlichen Leben einzuüben, das wertebasiert ist und Orientierung gibt.

---

[3] Gebhardt, Rüdiger: Vortrag zur Auftaktveranstaltung der Stiftung für christliche Wertebildung und der Wertestarter gGmbH am 24.11.2014 in der Französischen Friedrichstadtkirche, Berlin. Abdruck mit freundlicher Genehmigung.

1.3 Die sechs Grundwerte der ['blu:boks] BERLIN

Die Einrichtung hat sich sechs Grundwerte für die Arbeit mit Kindern und Jugendlichen als Maßstab gesetzt. Diese Werte durchdringen alle Arbeitsbereiche und das Miteinander. Jeder Arbeitsbereich und jedes Angebot werden anhand dieser Werte regelmäßig überprüft. Auch das Zusammenleben in der Mitarbeiterschaft sowie darüber hinaus das Auftreten gegenüber den Repräsentanten und Repräsentantinnen im Stadtteil, dem Jugendamt und Kooperationspartnern werden in diese Grundwerte mit eingeschlossen.

Respekt

Wir behandeln jedes Kind und jeden Jugendlichen / jede Jugendliche sowie jeden Mitarbeiter / jede Mitarbeiterin mit Respekt.

- Unsere respektvolle Haltung schließt bedenkenloses egoistisches Verhalten aus.
- Wir schauen von uns selbst weg auf unsere Kinder und Jugendlichen.
- Wir stellen Fragen, statt Antworten zu geben.
- Wir unterstellen erst einmal Gutes.
- Wir achten die Rechte der Kinder und Jugendlichen. (Hierzu gelten insbesondere die Rechte der Kinder laut Grundgesetz und der UN-Kinderrechtskonvention: Recht auf Gleichheit / Recht auf Gesundheit / Recht auf Bildung / Recht auf elterliche Fürsorge / Recht auf Privatsphäre und persönliche Ehre / Recht auf Meinungsäußerung, Information und Gehör / Recht auf Schutz im Krieg und auf der Flucht / Recht auf Schutz vor Ausbeutung und Gewalt / Recht auf Spiel, Freizeit und Ruhe / Recht auf Betreuung bei Behinderung.)

Anerkennung

Wir achten die individuelle Persönlichkeit eines/einer jeden und geben dieser Persönlichkeit unsere volle Aufmerksamkeit.

- Jemandem Anerkennung zu geben bedeutet, ihn anzuschauen, wahrzunehmen, ganz bei ihm oder ihr zu sein und Zeit, Liebe und Aufmerksamkeit zu verschenken.
- Wer jemanden anerkennt, der hat wirkliche „Gemeinschaft“ mit ihm oder ihr.
- Wer jemanden anerkennt, begibt sich auf ein gleiches „Niveau“.
- Anerkennung ist eine, wenn nicht sogar die „Währung, in der Liebe ausgezahlt wird“.

Wertschätzung

Wir schätzen den Wert eines/einer jeden und trainieren unseren Blick auf das Positive.

- Wertschätzung prägt den Umgang mit der individuellen Persönlichkeit.
- „Wir suchen, finden und fördern“ heißt, wir schulen unseren Blick auf das Bejahende und leben es praktisch aus.
- Wir verbalisieren den Wert eines/einer jeden.
- Wertschätzung prägt alle unsere Handlungen (gerade auch schwierig erscheinende Situationen und Konflikte auszuhalten).

Herausforderung schaffen

Wir schaffen Herausforderungen, die persönliche Erfolge und Mut zum Leben generieren.

- Junge Menschen brauchen maßgeschneiderte Herausforderungen, damit sie daran wachsen und gegebenenfalls aus Fehlern lernen können.
- Jeder noch so kleine Erfolg fördert die Entwicklung von Lebensmut und lässt Selbstwirksamkeitserfahrungen und Durchsetzungsvermögen entstehen. Dabei wird auch gelernt, sich nicht durch Schwierigkeiten oder Rückschläge aus der Fassung bringen zu lassen.
- Bei diesem „Leben-Lern-Training" geht es immer darum, vom „Noch-nicht-Können" zum „Immer-umfangreicher-Können", vom „Verharren-vor-Hürden" zum „Wege-finden-um-Weiterzukommen" zu gelangen.

Fördern und Begleiten

Wir schaffen in einem von Respekt definierten Raum die geeignete Methode, um an Körper, Geist und Seele zu wachsen.

- Wir lassen Kinder und Jugendliche nicht allein vor ihren Herausforderungen stehen.
- Junge Menschen brauchen eine individuelle, von klaren Grenzen umrahmte Begleitung. Unsere Mitarbeitenden ermutigen vor oder in schwierigen Situationen, zeigen Wege auf, wie man mit Druck, Stress oder Versagensangst und Lampenfieber umgehen kann. Sie fördern und begleiten nach ihren individuellen Fähigkeiten und legen die Latte bei den jeweiligen Herausforderungen immer so hoch, dass der Einzelne / die Einzelne zwar herausgefordert – aber nicht überfordert wird.
- Begleitung und Förderung wird durch den speziellen Bereich des Lifecoaching verstärkt. Auch alle anderen Mitarbeitenden übernehmen „Lifecoach-Arbeit", indem auch sie Gespräche mit Teilnehmenden führen, Konflikte im Workshop lösen oder persönliche Potenziale stimulieren und stärken.
- Wir schöpfen unseren Selbstwert zu einem großen Teil aus bestandenen Prüfungen. Wer Applaus bekommt, der muss ihn sich subjektiv verdient haben.

Professionalität

Wir arbeiten professionell und setzen hohe Maßstäbe an unsere künstlerischen Ausdrucksformen.

- Professionalität ist nicht nur eine Frage der Ausbildung, sondern der Einstellung, des Verhaltens und der Herangehensweise.
- Wir streben einen qualitativ hochwertigen und fachkundigen Standard an.
- Wir wollen das Bestmögliche erreichen. Das Ergebnis der Arbeit wird nicht dem Zufall überlassen.
- Die Grundlage einer professionellen Arbeit funktioniert nur durch eine vorher vereinbarte Definition von Vision, Ziel und den Standards.
- Professionalität wird oft als Gütesiegel verstanden und spiegelt sich nicht nur im Ergebnis, sondern auch im Weg dorthin wider.

1.4 Denkanstöße

Egal wie groß oder klein Ihr Projekt ausfallen wird: Diese Fragen sollen für Sie eine wegweisende Hilfe für die Umsetzung Ihrer Planung sein. Nehmen Sie sich daher genug Zeit, Ihre Antworten aufzuschreiben und/oder mit Freunden und Freundinnen zu diskutieren.

- Auf welchem Wertefundament soll Ihr Projekt bzw. Ihre Kinder- und Jugendeinrichtung, Ihre Arbeit mit Kindern und Jugendlichen aufgebaut sein?
- Worin liegt Ihrem persönlichen Verständnis nach der Unterschied von christlichen Projekten und sozial-kulturellen Projekten? Wo sind jeweils Chancen und Grenzen zu sehen?
- Welche theologischen Überzeugungen sollen Ihrer Meinung nach in einer Kinder- und Jugendeinrichtung, in einer Arbeit mit Kindern und Jugendlichen zum Ausdruck kommen?
- Welche Werte wollen Sie implementieren? Können Sie diese Grundwerte Ihrer Arbeit in kurzen Aussagesätzen ausformulieren?
- Welche Schlussfolgerungen ergeben sich für Ihre Arbeit oder Ihr Projekt aus den Erkenntnissen dieses Kapitel?

1.5 Erlebnisbericht

Louis kam 2011 mit seinen zwei Geschwistern in die ['blu:boks] BERLIN. Er zeigte regelmäßig aggressives Verhalten gegenüber den Teilnehmenden und Mitarbeitenden. Schnell wurden selbst kleine Gruppenkonflikte mit Wutausbrüchen und Flucht aus den Räumlichkeiten von Louis quittiert. In vielen Gesprächen mit den Lifecoaches wurde langsam aufgearbeitet, woher seine Aggression und niedrige Toleranzgrenze rührte. Louis fand nach und nach Wege, seine Unzufriedenheit mit sich und anderen zu kanalisieren und friedfertiger zu kommunizieren. Während der ['blu:boks] Theateraufführung saß Louis' Vater in der ersten Reihe und schaute aufmerksam zu. In einer Szene, in der ein Konflikt mit einem Erziehungsberechtigten dargestellt wurde, begann der Vater plötzlich zu weinen. Direkt nach der Aufführung kam Louis' Vater zu ihm und bat einen Mitarbeiter als Zeuge hinzuzukommen. Er nahm seinen Sohn in den Arm und bat ihn um Vergebung für seine oftmals aggressive Art. Durch die Spielszene auf der Bühne hatte der Vater sich überführt gefühlt. Er wollte nur das Beste für seinen Sohn, doch konnte er keinen passenden Weg finden, ihm dies ohne Anschreien und Gewaltandrohungen zu kommunizieren. Beide versöhnten sich an diesem Abend. Sie versprachen sich gegenseitig, besser aufeinander zu hören und eine engere, liebevollere Beziehung zueinander aufzubauen.

Von der NOT
zur VISION
zur KONZEPTION

2. Wie entstand die ['blu:boks] BERLIN?

Im Jahr 2009 wurde die ['blu:boks] BERLIN gegründet. Über die Berliner Grenze hinaus gilt diese Kinder- und Jugendeinrichtung inzwischen als Vorzeigeprojekt. Die Organisatoren erhalten regelmäßig Schulungsanfragen aus dem In- und Ausland zum Thema Selbstwirksamkeit und zur künstlerisch-ästhetischen Bildung im Sozialbereich. Doch bis die sozial-kulturelle Arbeit an dem Punkt stand, an dem sie heute steht, mussten viele Rückschläge in Kauf genommen werden. Die Arbeit konnte erst nach einer jahrelangen und schwierigen Vorbereitungsphase starten.

Die Vision für diese Arbeit wurde aus der tief empfundenen, persönlichen Not ihres Gründers, Torsten Hebel, geboren. Die Themen und Werte sind tief in seiner Biografie verankert. Um die Erfolgsgeschichte der ['blu:boks] BERLIN zu verstehen, muss man sowohl in den Werdegang des Gründers schauen als auch einen Einblick in den schwierigen Entstehungsprozess der Vision und Konzeption der Arbeit bekommen.

Für Projektgründer/Projektgründerinnen und Projektreformer/Projektreformerinnen von sozial-kulturellen Einrichtungen, aber auch für alle, die erste, kleine Schritte in der Arbeit mit Kindern und Jugendlichen gehen wollen, lohnt es sich daher, von der Entstehungsgeschichte dieser Einrichtung zu wissen und von ihren Erfahrungen zu lernen. Deshalb stellt sich Torsten Hebel im folgenden Interview den Fragen zu den Anfängen der Kinder- und Jugendeinrichtung.

2.1 Interview mit Torsten Hebel, dem Gründer der ['blu:boks] BERLIN

Zur Person

Torsten Hebel, geboren 1965, lebt mit seiner Frau und seinen zwei Kindern in Berlin. Nach einer Tischlerlehre absolvierte er eine Schauspielschule in den USA und studierte anschließend am Theologischen Seminar Rheinland. 2009 gründete er die ['blu:boks] BERLIN und leitete sie bis 2016. Zusammen mit Martin Schaefer ist er seit 2016 Geschäftsführer des ['blu:boks] Familien- und Bildungszentrums, welches die Kinder- und Jugendeinrichtung um eine Kita, ein Café als Begegnungsort für Familien und Senioren im Umfeld sowie eine Eventfläche und ein Beratungszentrum ergänzt. Torsten Hebel ist zudem mehrmals im Jahr mit Vorträgen und seinem eigenen Comedy-Programm im deutschsprachigen Raum unterwegs.

Sie sagen, die Vision der ['blu:boks] BERLIN ist aus Ihrer eigenen Not geboren worden. Was genau meinen Sie damit?

Torsten Hebel: Ich bin überzeugt davon, dass das, was uns am meisten umtreibt, die Brüche und Verletzungen im Leben sind, die uns später motivieren und antreiben. So war und ist es bei mir.

Meine Kindheit und Jugend war geprägt durch Systeme, die mir immer wieder gespiegelt haben: So wie du bist, bist du nicht gut! Mein Kernsatz war: „Das, was ich bin und tue, ist nicht richtig!"
Ich bin als Kind mit dem permanenten Bewusstsein aufgewachsen, nicht okay zu sein. Mein Vater hat unsere Familie sehr früh verlassen. Ich habe das damals als unglaubliche Ablehnung empfunden. Warum geht er? Warum liebt er mich nicht genug, um zu bleiben? Auch im Kontext meiner Kirchengemeinde hörte ich, dass man einen gewissen Standard erreichen muss, um Gott zu gefallen. Dies prägte mich als Kind und setzte sich in meiner Seele ab. Seither begleitet mich das als „innerer Kritiker". Ich habe am eigenen Leib erlebt, wie schwierig es ist, auf dieser Grundlage einen gesunden Selbstwert aufzubauen. Ich bin irgendwann ins Jugendamt gegangen und habe gesagt, ich möchte etwas für Menschen mit Selbstwertdefiziten tun. Und ich schien genau den richtigen Zeitpunkt abgepasst zu haben, denn von der zuständigen Stadtteilkoordinatorin wurde ich auf die konkreten Nöte im Bezirk Berlin-Lichtenberg hingewiesen.

Wo sehen Sie Parallelen zwischen Ihrem Werdegang und dem der Kinder und Jugendlichen in Lichtenberg?

Torsten Hebel: Die Kinder, mit denen ich heute zu tun habe, haben eine sehr ähnliche Prägung und Erlebniswelt. Manche wachsen in einem Umfeld auf, in dem Elternteile die Familie verlassen haben. Sie empfinden sich von ihrem Umfeld abgelehnt. Sie fühlen sich nicht geliebt und geschätzt. Sie werden von der Breite der Gesellschaft nicht ermutigt und bedingungslos anerkannt und gefördert. Sicher haben diese Kinder und Jugendlichen ganz andere Erfahrungen als ich gesammelt, aber sie denken und fühlen permanent: „Ich schaffe das sowieso nicht. Ich bin nicht okay. Ich werde sowieso nichts aus mir machen können. Keiner interessiert sich für mich. Ich bin wertlos." Ich erkenne mich in diesen Kindern wieder. Das macht mich traurig und wütend zugleich.

Sie haben unterschiedliche Berufe erlernt und sind verschiedensten Tätigkeiten nachgegangen. Wie kam es schließlich zu der Entscheidung, eine sozial-kulturelle Jugendarbeit ins Leben zu rufen?

Torsten Hebel: Mein erster Beruf war Tischler, dann kam das Schauspielstudium und schließlich meine theologische Ausbildung. Meine Lehre zum Tischler war geprägt durch einen sehr harten Umgangston und viel Erniedrigung. Das erste Mal, dass mir andere Menschen bewusst Selbstwert und Zuspruch für meine Begabungen gegeben haben, war auf der Schauspielschule. Dennoch blieb ich nicht in dem Bereich, sondern studierte Theologie, da ich schon immer Pastor werden wollte. Doch auch am theologischen Seminar stieß ich aufgrund privater Rückschläge schnell auf Ablehnung und Grenzen. In den darauffolgenden Jahren habe ich viele überregionale Jugendevents gestaltet, die sehr erfolgreich waren. Teilweise kamen tausende Jugendliche zu meinen Veranstaltungen. Doch nach einigen Jahren begannen die Zweifel in mir stärker zu werden, inwieweit wirkliche Transformation im Leben der Jugendlichen passieren konnte. Ich wollte mehr begleiten und Beziehung nachhaltig leben. Ich habe mich hingesetzt und aufgeschrieben, was ich alles kann, welche Stärken und Schwächen ich habe und welche Träume. So entstand die erste Idee der ['blu:boks]. Ich habe mir gesagt, ich will einen Ort in der Gesellschaft schaffen, eine Oase, einen Erlebnisraum, wo andere Gesetzmäßigkeiten gelten. Nicht die Gesetzmäßigkeit des Bewertens. Nicht die Gesetzmäßigkeit erst einmal etwas tun zu müssen, um Teil werden zu können. Sondern bedingungslose christliche Nächstenliebe. So verstehe ich Nächstenliebe: Nie wird jemand ausgeschlossen, bedingungslose Annahme wird immer gelebt und jeder darf kommen und jeder darf sein. Ich wusste, ich war kein Sozialarbeiter, aber ich habe noch andere Stärken als das Schauspiel. Ich wollte Menschen um mich sammeln, die diese ergänzende Fachausbildung hatten und im Team mit mir gemeinsam diesen Traum in die Realität umsetzen können.

Gab es noch weitere persönliche Einflüsse oder Umstände, die zur Entstehung der Vision ['blu:boks] BERLIN führten?

Torsten Hebel: Ja, die ungerechte Behandlung der Kinder in unserer Gesellschaft. Ich kann Ungerechtigkeiten nur sehr schwer ertragen. Wenn ich sehe, wie Kinder an vielen Stellen behandelt werden, macht mich das richtig wütend! Wenn ein Schwächerer ausgegrenzt wird oder Schutzbefohlene misshandelt werden, bricht es mir das Herz! Ich kann die Situation nicht grundsätzlich ändern, aber ich kann lindern, Kraft geben oder vielleicht heilen. Ich kann mithelfen, dass diese Kinder mit ihren Wunden lernen, aufrecht im Leben zu stehen und vorwärts zu gehen und wenn sie fallen, immer wieder aufzustehen. Und sie sollen schließlich lernen, irgendwann selber anderen Menschen zu helfen, in ihrer Persönlichkeit heil zu werden.

Wie gehen Sie mit der inneren Wut über Ungerechtigkeit um, wenn Sie gleichzeitig das Gefühl haben, nie genug tun zu können?

Torsten Hebel: Ich glaube, die innere Wut kommt ja immer aus dem Gefühl, nicht genug tun zu können. Diese Wut speist sich aus einer gewissen Hilflosigkeit. Man kann dann entweder verbittern und sich in eine Depression zurückziehen oder man kann aktiv werden und etwas in seinem eigenen Umfeld dagegen tun. „Selbst die größte Dunkelheit kann dich nicht daran hindern, eine Kerze anzuzünden“, heißt es in einem bekannten Spruch. Diese Kerze kann die ['blu:boks] sein oder irgendetwas anderes. Aber wir müssen etwas tun! Müssen aktiv werden!

Dennoch erleben viele Menschen Rückschläge in der sozialen Arbeit. Wie oft kann ein Visionär / eine Visionärin scheitern, bevor die Vision stirbt?

Torsten Hebel: Das ist natürlich individuell sehr unterschiedlich. Ich glaube sogar, man muss scheitern, damit die Vision, die man hat, sich an der Wirklichkeit zurechtstutzt. Ich kenne keinen einzigen Gründer, der nicht vorher gescheitert ist. Das gehört dazu. Die meisten Leute hören aber leider auf, wenn sie einmal gescheitert sind. Ich bin froh, dass ich anfangs gescheitert bin, weil ich sonst heute eine Arbeit hätte, die ich gar nicht wollte. Es ist wie bei einem Steinmetz: Bestimmte Dinge von meiner Vision wurden weggeschlagen, aber dadurch bekam sie erst Konturen. Das ist schmerzhaft. Aber ich wusste, was von der veränderten Vision übrig geblieben war, kann ich nun umsetzen. Meine Vision wurde immer kleiner und kleiner, weg von einem riesigen Zentrum, hin zu einer kleinen Arbeit, die dann stetig gewachsen ist. Jetzt sehe ich, dass das der richtige Weg war! Vor allem darf man sich nicht beirren lassen, von all denen, die es meinen, besser zu wissen, weil sie in verantwortungsvoller Position ähnliche Arbeiten leiten. Es mag sein, dass diese Menschen wertvolle Tipps geben können, aber die meisten haben selbst keine Arbeit gegründet oder ins Leben gerufen. Hätte ich auf all diejenigen gehört, die mir gesagt haben, dass die ['blu:boks] nicht funktionieren wird, ich wäre keinen Schritt vorangekommen.

Welche Haltung und Denkart braucht ein Visionär / eine Visionärin Ihrer Meinung nach?

Torsten Hebel: Erstens musst du dich als Visionär bzw. Visionärin ernst nehmen. Lass dich nicht von deinem Umfeld beeinflussen, das dich als Spinner abstempelt oder dir sagt, dass es sowieso nicht klappen wird. Am Anfang sagen sie dir alle, du solltest auf die sichere Seite wechseln, sollst an deine Rente denken und so weiter. Wenn du das überstehst, weißt du, du bist wirklich ein Visionär bzw. eine Visionärin.
Zweitens umgebe dich mit Leuten, die deine Kreativität und deine Träume beflügeln und die dich nach vorne bringen. Du musst ein Team um dich haben, oder zumindest einige Freunde, die dich bestärken und ein Teil des Weges mit dir gehen. Auf Dauer kann keiner nur mit Kritikern leben. Du brauchst ein Umfeld, das dich bestätigt und motiviert.
Drittens empfehle ich, sich mit Biografien von Menschen zu beschäftigen, die einen harten Weg gegangen sind, als Visionäre und Weltveränderer. Ich habe viel über Nelson Mandela und Mutter Teresa gelesen. Solche Beispiele haben mich beflügelt. Man sollte sich an solchen großartigen Menschen orientieren. Das begeistert und nährt den inneren Kern eines Visionärs / einer Visionärin.

Wie wird aus einer Vision ein tragfähiges Konzept?

Torsten Hebel: Zuerst sollte man ganz viel Arbeit in die Idee und das Leitziel stecken, in einem Satz oder einem Wort formulieren, worum es geht. Was genau will ich verändern? Denn Jugendarbeit ist ein weites Feld. Nach einer Phase von vielen Gesprächen mit unterschiedlichen Fachleuten war mir klar, dass es um das Thema „Selbstwert" ging. Mir wurde deutlich, dass wir zuerst erlebten Selbstwert brauchen, um dann all die anderen Dinge in Angriff zu nehmen. Deshalb wurde die Stärkung und Entwicklung von Selbstwert zum Leitziel für die Arbeit der ['blu:boks].
Daraufhin sollten nach dem Leitziel das Konzept, die Methoden und Maßnahmen festgelegt werden. Wie und womit wollen wir dieses Leitziel erreichen? Uns wurde deutlich, dass wir es über Kunst und ästhetische Bildung erreichen wollten, weil wir davon überzeugt waren, dass Kunst in sich selbst wirksam ist. Im nächsten Schritt folgten die einzelnen Arbeitsaufgaben. Wir wollten professionelle Anleitung in Workshops durch Berufstänzer, -musiker, -schauspieler usw. sowie einen Pädagogen als Lifecoach und einen Assistenten einsetzen. Diese Aufteilung wurde uns allerdings erst klar, als wir alle Schritte nacheinander gegangen waren und das Leitziel immer wieder überprüft hatten. Das ist ein sehr müßiger und komplizierter Prozess. Fünf Jahre lang hatte ich versucht, Ideen und Projekte umzusetzen, und habe Konzepte erarbeitet. Alle sind gescheitert oder wurden

abgelehnt. Daraufhin habe ich mir professionelle Hilfe gesucht. Ich habe eine Agentur, die Projektmanagement für Bildung, Kultur und Soziales macht, beauftragt, mit mir das Konzept auszuarbeiten. Dort ist dann die ['blu:boks] zum ersten Mal auf dem Reißbrett entworfen worden.

Ich bin überzeugt, dass ein Konzept und das Leitziel der Arbeit moderiert werden müssen. Leitziel, Maßnahmen und Methode wurden für die ['blu:boks] in einer professionellen Beratung definiert. Das ist meiner Ansicht nach sehr wichtig für jede erfolgreiche konzeptionelle Arbeit!

Was sollte nach dem konzeptionellen Entwurf einer Kinder- und Jugendeinrichtung maßgeblich beachtet werden?

Torsten Hebel: Pragmatismus. Die erste Grundsatzentscheidung, die getroffen wurde, war, dass das Konzept für die Kinder und Jugendlichen da ist und nicht die Kinder und Jugendlichen für das Konzept. Das heißt, da, wo das Konzept nicht passt, muss es angepasst werden und nicht umgekehrt. Wir arbeiten immer sehr dynamisch: Was nicht funktioniert, wird geändert. Unsere Zielgruppe lag beispielsweise anfangs in der Altersstruktur 13 bis 17 Jahre. Es kamen anfangs aber nur Kinder von 8 bis 12 Jahren. Das Konzept musste logischerweise an diese neue Altersstruktur angepasst werden. Des Weiteren ist es wichtig, auch die Methoden immer und immer wieder auf den Prüfstand zu stellen und an die aktuelle Situation anzupassen. Qualitätskontrolle und Evaluation sind unerlässlich. Wir haben eine ausgeprägte Feedbackkultur. Jeder Workshop wird jeweils von den Kindern, den Mitarbeitenden und den Lifecoaches ausgewertet. Daran erkennen wir, wie es tatsächlich in den Workshops läuft. Was funktioniert gut und was nicht. Zudem darf eine Konzeption nicht zu kompliziert werden. Weniger ist mehr. Es geht darum, in der Einfachheit der Dinge den Erfolg zu erzielen. Und diese Einfachheit gilt es konsequent durchzuziehen.

Hat Ihr Konzept in der Eröffnungsphase der ['blu:boks] BERLIN im Sinne der Vision funktioniert? Welche Erfahrungen haben Sie in den ersten Wochen gesammelt?

Torsten Hebel: Teil unseres Konzeptes war es, die sogenannte „Kick-Off-Woche“ als Startpunkt für die Arbeit zu setzen. Ein großes Zelt mit Bühne und Lichtshow wurde aufgebaut, es gab Workshops am Vormittag und eine „Open Stage“ am Abend. Das hat die Kinder und Jugendlichen angezogen. Kein Flyer, keine Einladung und kein Zeitungsartikel werden Kinder je so begeistern können wie die Erfahrung, auf einer Bühne zu stehen. Das allein reichte aus, damit sich die Arbeit im Bezirk herumsprach. Die ganze Woche über besuchten uns über 300 begeisterte Kinder und Jugendliche aus dem Bezirk. Und 85 kamen ab dann auch mit ihren Freunden in unsere regulären Workshops unter der Woche. Gleichzeitig hatten wir als Team aber nicht viel Zeit, den Erfolg und Misserfolg der ersten Wochen zu messen. Wir waren zu sehr damit beschäftigt, uns miteinander abzustimmen. Das erwies sich als schwierig und führte am Anfang zu erheblichen Problemen. Wenn einzelne Mitarbeitende das Konzept der Arbeit nicht mittragen oder das Leitziel verfehlen, dann funktioniert die Zusammenarbeit nicht. Da habe ich Fehler gemacht, zu lange an Menschen festgehalten und Dinge laufen gelassen, die nicht gut waren. Manche Wege mussten sich dann schmerzlich trennen. Aber in der Startphase einer Gründung reagiert man öfter, als dass man agiert!

Wie hoch ist die Gefahr, gerade in der schwierigen Anfangsphase die eigentliche Vision aus den Augen zu verlieren?

Torsten Hebel: Sicherlich groß. Visionäre, die eine Arbeit beginnen, sollten immer ein Netzwerk um sich haben, in welchem sie ergänzt werden und Rücksprache halten können. Sie sollten auch Freunde um sich sammeln, denen sie unabhängig von ihrem Arbeitsumfeld begegnen. Diese Beziehungen machen Mut und können in kritischen Situationen bestärken und richtungsweisend sein. Das kann eine Gemeinde sein oder eine andere motivierende Gruppe, aber ganz allein ist es schwer.

Es gibt überall Not auf der Welt. Woher weiß ich, wo ich mich am sinnvollsten engagieren kann?

Torsten Hebel: Auch da gibt es sicherlich etliche Antworten. Manchmal findet man die Not in seinem unmittelbaren Umfeld. Unabhängig davon, ob es mit einem selbst oder seiner eigenen Lebensgeschichte zu tun hat. Man kommt daran gar nicht vorbei. Da gilt es in dem Moment etwas zu tun und einzugreifen. Das sehe ich als meine Aufgabe als Mensch und Christ: dort zu helfen und diese akute Not zu lindern. Wie schon erwähnt, bedeutet mir das Thema Wertschätzung und Resilienz viel, weil es in meiner Biografie begründet ist. Es ist mein Lebensthema. „Liebe deinen Nächsten wie dich selbst“, heißt es in der Bibel. Wer ist dein Nächster? Wo sind die kürzesten Wege zur Not des Nächsten? Ich gehe davon aus, dass man andere nur anstecken kann, wenn man selbst brennt. Am leichtesten brennen wir für das, was uns wirklich begeistert oder angeht. Gerade wenn es schwierig wird, ist es gut, eine Vision zu haben, die mit einem selbst zu tun hat. Es geht letztlich immer darum, seine eigenen Ressourcen zu nutzen.

2.2 Denkanstöße

Egal wie groß oder klein Ihr Projekt ausfallen wird: Diese Fragen sollen für Sie eine wegweisende Hilfe für die Umsetzung Ihrer Planung sein. Nehmen Sie sich daher genug Zeit, Ihre Antworten aufzuschreiben und/oder mit Freunden und Freundinnen zu diskutieren.

- Welche konkreten Nöte oder gesellschaftlichen Problemfelder sehen Sie im Zusammenhang mit Kindern und Jugendlichen, die Ihnen am Herzen liegen?
- Können Sie in Ihrem direkten oder indirekten Umfeld Kinder und Jugendliche benennen, die von diesen Nöten betroffen oder mit diesem Problemfeld konfrontiert sind?
- Haben Sie sich schon Gedanken gemacht, wie diesen Nöten entgegenzuwirken ist? Notieren Sie sich diese Überlegungen in Grundzügen.
- Kennen Sie Menschen, die mit Ihnen diese Vision teilen, fördern und umsetzen können? Notieren Sie alle, die Ihnen dabei einfallen.
- Welches konkrete Leitzziel ergibt sich aus Ihrer Vision?
- Welche ersten konkreten Schritte ergeben sich nun für die Umsetzung Ihrer Konzeption?
- In welcher Position sehen Sie sich bei der Umsetzung Ihrer Vision (Leiter/Leiterin, Ermutiger/Ermutigerin, Mitarbeiter/Mitarbeiterin usw.)?
- Welche Schlussfolgerungen ergeben sich für Ihre Arbeit / Ihr Projekt aus den Erkenntnissen dieses Kapitels?

2.3 Erlebnisbericht

Lara ist seit der Kick-Off-Woche in der ['blu:boks] BERLIN im Tanzworkshop. Die ersten Monate verbrachte sie die Pausen meist allein und vermied jeglichen Augenkontakt mit Mitarbeitenden und anderen Teilnehmenden. Ihre Körpersprache drückte lange Zeit nur eines aus: Lasst mich in Ruhe, ich möchte nicht angesprochen werden. Dennoch kam sie treu zu jedem Angebot der ['blu:boks] BERLIN. Sie fuhr auf die Sommerfreizeiten mit, nahm an allen Ausflügen in den Ferien und an Wochenenden teil und taute Stück für Stück auf. Lara ist das vierte von sechs Kindern in ihrer Patchworkfamilie. Ihren Vater hat sie bisher nicht kennengelernt, wünscht es sich aber sehr. Bis auf einen älteren Bruder haben alle ihre Geschwister einen unterschiedlichen Vater oder eine andere Mutter. Lange Zeit fühlte sich Lara rastlos und nicht geliebt. Über den Ausdruck von Tanz und Bewegung öffnete sie sich langsam und fand einen Weg, sich, vorerst ohne Worte, zu äußern. In der zweiten Bühnenproduktion bat Lara darum, eine kleine Sprechrolle übernehmen zu dürfen, die sie hinter einer Schattenwand vortrug. Stolz und glücklich berichtete sie anschließend den Mitarbeitenden, dass sie bei der nächsten Produktion bereit sei, eine Hauptrolle zu übernehmen. Nach nunmehr sechs Jahren als Teilnehmerin ist Lara ein quirliger und selbstbewusster Teenager. Sie schreibt in einem Brief an die Mitarbeitenden: „Ich bin ja echt lange in der boks dabei. Ich bin nicht mehr so schüchtern in der Schule, wie früher. Ich traue mich sogar vor der Klasse zu reden und habe mehr Leute kennen gelernt und Freunde gefunden. Mein Leben hat sich irgendwie verändert. Ich bin froh, dass ich hier tanzen lernen und mich mit Freunden treffen kann. Wir dürfen hier über alles reden. Es ist einfach nur cool hier, das ist das Beste was mir je passiert ist! Die blu:boks ist mein Zuhause.“

Von der KONZEPTION zur METHODE

3. Was macht die ['blu:boks] BERLIN?

Eine Konzeption ist die Zusammenfassung von Zielen und ihrer dadurch abgeleiteten Maßnahmen und Strategien zur Umsetzung des Vorhabens (in diesem Fall die Arbeit der Einrichtung). Jede Kinder- und Jugendeinrichtung fertigt eine spezielle Konzeption an, um ihr Profil und ihr Alleinstellungsmerkmal zu verdeutlichen. Somit sollte bei der Entwicklung einer sozial-kulturellen Arbeit mit Kindern und Jugendlichen, auch wenn sie möglicherweise deutlich kleiner ausfällt als die Arbeit der ['blu:boks] BERLIN, viel Zeit und Mühe in die Konzeption gesteckt werden. Eine Konzeption bedarf das Zusammenstellen aller notwendigen Hintergründe und Informationen sowie dann anschließend die Planung der Maßnahmen. Klare Vorüberlegungen und die nötigen theoretischen Auseinandersetzungen sind hierbei umfangreicher und detaillierter als das Erstellen eines bloßen Konzeptes, bei dem allein die Idee der Einrichtung dargestellt wird.

Im folgenden Kapitel werden somit Schritt für Schritt die erforderlichen Grundlagen für die Entwicklung eines sozial-kulturellen Projektes, egal wie klein es am Anfang auch sein mag, dargestellt. Zuerst werden das Menschenbild der Arbeit und das Umfeld, in dem sich dieser Mensch befindet, behandelt. Anschließend folgt die pädagogische Konsequenz aus den ermittelten Daten: die sozialpädagogischen Inhalte. Zuletzt wird die inhaltliche Ausrichtung der ['blu:boks] BERLIN, das Bildungsprinzip, erläutert.

3.1 Das Menschenbild

Die Basis für die Arbeit der ['blu:boks] BERLIN und ihre daraus entwickelten Werte stehen bewusst auf dem Fundament des christlichen Menschenbildes und dem hieraus resultierenden Dogma, dass die Würde des Menschen unantastbar ist. Jeder Mensch wird als Geschöpf Gottes angesehen und hat ohne Ansehen der Person bereits Würde und Wert in sich verankert.

Das Bild vom Kind

> *„Jesus Christus stellt sie [die Kinder] als Beispiel in die Mitte und sagt seinen Jüngern: ‚Werdet so wie die Kinder!' Er stopft keine Antworten in Menschen herein, ohne dass sie Fragen gestellt haben, sondern ermutigt sie, ihre eigenen Fragen zu stellen und befähigt sie dadurch, ihre Antworten selbst zu generieren."*
>
> Torsten Hebel, Gründer der ['blu:boks] BERLIN

Der Ausgangspunkt der pädagogischen Arbeit der ['blu:boks] BERLIN ist die Achtung des Kindes und des Jugendlichen als individuelles Subjekt mit all seinen Begabungen, Gefühlen, Fähigkeiten und seinem Temperament. Jedes Kind ist von Geburt an ein einzigartiger, vollwertiger Mensch mit individuellen Bedürfnissen, Fähigkeiten, Begabungen und Wahrnehmungen. Kinder sind neugierig, kreativ und gestalterisch aktiv. Sie wollen die Welt

erkunden, begreifen und verstehen. Jedes Kind hat Talente, die gefunden und gefördert werden sollten. Besonders dann, wenn die sozialen Rahmenbedingungen schwierig sind, ist es Aufgabe der Gesellschaft, diesen Prozess zu unterstützen.
Geprägt durch die sozialpädagogischen Ansätze von Katharina Saalfrank sowie die Schriften von Prof. Dr. Gerald Hüther und Jesper Juul betrachten die Mitarbeitenden der ['blu:boks] BERLIN es nicht als ihre Aufgabe, ein Kind oder einen Jugendlichen / eine Jugendliche umzugestalten, sondern die Talente, die in ihm/ihr schlummern, zu wecken. Das Kind und der/die Jugendliche bringen, so wie sie sind, bereits alles mit: Potenzial, Begabung und Persönlichkeit.

Das Bild des Kindes der ['blu:boks] BERLIN führt zu einem partizipatorischen und demokratischen Miteinander. Die Kinder und Jugendlichen dürfen

- selbst entscheiden, mit was, mit wem, womit, wie lange und wo sie sich beschäftigen und künstlerisch einbringen möchten.
- Nein sagen und eigene Grenzen bestimmen.
- bei der Organisation von Festen und Projekten mitbestimmen und teilhaben.
- in Gesprächsrunden und Feedbackrunden frei ihre Meinung äußern.
- eigene Interessen und Wünsche vertreten.
- bei der Raum- und Workshopgestaltung mitbestimmen.

Dabei achten die Mitarbeitenden auf die individuelle Entwicklung der Kinder und Jugendlichen und ihren Entwicklungsstand. Die Teilnehmenden sollen weder unter- noch überfordert werden. Zudem sorgt das partizipatorische Prinzip dafür, dass sie

- unabhängig werden,
- Gleichberechtigung erfahren,
- Grundrechte kennenlernen,
- eigenständig gestalten können,
- Demokratie erleben.

Exkurs: Kindesschutz und Beschwerdemanagement

Die ['blu:boks] BERLIN hat wie alle Kinder- und Jugendeinrichtungen einen Schutzauftrag, gewichtige Anhaltspunkte für die Gefährdung des Wohles eines Kindes zu erkennen und das Gefährdungsrisiko in Zusammenarbeit mit mehreren Fachkräften einzuschätzen (siehe dazu § 8a Abs. 2 SGB VIII). Daher ist es äußerst wichtig, mit dem Jugendamt sämtliche den Schutzauftrag betreffende Regelungen in einer schriftlichen Vereinbarung festzuhalten. Dazu gehören:

- Verfahrensabläufe
- Regelungen zur Erhebung, Verwendung und Schutz von Sozialdaten (Datenschutz darf nicht dem Schutz des Kindes entgegenstehen und diesen nicht behindern.)
- Regelungen, dass kein Personal beschäftigt wird, das wegen bestimmter Straftaten mit Kindesbezug verurteilt wurde (Für jeden Mitarbeitenden muss ein erweitertes polizeiliches Führungszeugnis beantragt werden.)

Alle Mitarbeitenden der ['blu:boks] BERLIN sind verpflichtet, bei der Abschätzung des Gefährdungsrisikos eine erfahrene Fachkraft hinzuzuziehen und gegebenenfalls bei den Erziehungsberechtigten auf die Inanspruchnahme einer externen Hilfe hinzuwirken. Erscheinen die angenommenen Hilfen als nicht ausreichend, wird das Jugendamt informiert, um die Gefährdung abzuwenden. Die Mitarbeitenden werden in folgenden Punkten geschult und unterrichtet:

- Erkennen einer Gefährdung
- Einbringen der Erkenntnis in das Team und zur Leitung
- Hinzuziehen einer „insofern erfahrenen Fachkraft"
- Hinwirkung auf die Inanspruchnahme von Hilfen
- Meldung an das Jugendamt in bestimmten Fällen
- Handeln in akuten Krisensituationen
- Absprache mit der Leitung, wann eine Strafanzeige sinnvoll und erforderlich ist

Im Sinne des gegebenen Schutzauftrages wird die Zusammenarbeit mit folgenden Personen und Einrichtungen empfohlen:

- Jugendamt
- Polizei
- Kinder- und Jugendgesundheitsdienst
- Erziehungsberatungsstellen
- Familiengericht
- Kinderärzte und Kliniken[4]

Das Bild vom Mitarbeiter / von der Mitarbeiterin

> *„Wir können Kinder resistent machen gegen Routine, Trägheit und Trübsal. Das kann nur gelingen, wenn die Mitarbeiter die Befähigung zur Potenzialentfaltung selbst erhalten; wenn sie selbst weiter in das Leben verliebt sind und sich für all das begeistern, was dieses Leben tagtäglich in seiner ganzen Buntheit und Schönheit bietet – wie damals, als sie selbst noch kleine Kinder waren."*
>
> Prof. Dr. Gerald Hüther, Neurobiologe, pädagogischer Berater

Das Bild vom Mitarbeiter / von der Mitarbeiterin ist die Grundlage der professionellen Zusammenarbeit innerhalb der ['blu:boks] BERLIN. Jeder/jede Mitarbeitende ist wertvoll und genauso wie die Kinder und Jugendlichen mit Talenten und Begabungen ausgestattet. Die verschiedenen Arbeitsbereiche, in denen die Mitarbeitenden eingesetzt werden, richten sich nach ihren individuellen Fähigkeiten, Begabungen und Bedürfnissen. Gewaltfreie Kommunikation, wertschätzender Umgang und der Raum zur freien Entfaltung im Arbeitsbereich sind der Grundstein des Teamworks. Alle Mitarbeitenden teilen das Men-

[4] Als Kooperationspartner in Sachen Kindesschutz sind in erster Linie zu nennen:
das Jugendamt mit den Regional Sozialpädagogischen Diensten (RSD)
sowie das Kinderschutz-Zentrum Berlin (http://www.kinderschutz-zentrum-berlin.de/kontakt.php).
Des Weiteren: www.ejf.de/einrichtungen/beratungsstellen/kind-im-zentrum-kiz.html, www.wildwasser-berlin.de, www.hilfefuerjungs.de, www.berliner-notdienst-kinderschutz.de/kindernotdienst.html

schenbild, die sechs Grundwerte sowie das Verständnis der ästhetisch-kulturellen Bildung der Einrichtung.

Um bei den Kindern und Jugendlichen die kindliche Begeisterung dauerhaft aktiv zu halten und sie immer wieder neu zu entfachen, müssen die Mitarbeitenden die Rolle eines Motivators / einer Motivatorin übernehmen und viel Geduld und Einfühlungsvermögen mitbringen. Ein hohes Maß an Empathie und Leidenschaft sowie die Identifikation mit der Einrichtung sollte bei Mitarbeitenden in sozial-kulturellen Projekten grundsätzlich Voraussetzung sein.

Um die Philosophie und die Umsetzung der Konzeption zu gewährleisten, ist das professionelle Arbeiten in jedem Bereich von großer Bedeutung. Aus diesem Grund besteht das Team der ['blu:boks] BERLIN aus ausgebildeten Tänzern/Tänzerinnen, Schauspielern/Schauspielerinnen, Musikern/Musikerinnen, Medienpädagogen/Medienpädagoginnen, Theologen/Theologinnen, Fotografen/Fotografinnen, Pädagogen/Pädagoginnen und Erziehern/Erzieherinnen. Das Team der Hauptamtlichen und Honorarkräfte braucht dabei die Ergänzung durch ehrenamtlich Engagierte. Sie sind auf ihre Weise Experten/Expertinnen in eigener Sache und tragen dazu bei, ein noch vielfältigeres Angebot schaffen zu können.

Alle Mitarbeitenden treten den Kindern gleichwürdig gegenüber und sehen ihre Bedürfnisse. Das beobachtete Verhalten wird immer mit der Situation im Kontext gesehen. Gleichzeitig wissen sie aber um das natürliche Machtgefälle zwischen Kindern und Erwachsenen und gehen mit der übertragenen Verantwortung sorgsam um.

Die Kontinuität in der pädagogischen Arbeit durch eine möglichst geringe Fluktuation von Mitarbeitenden ist ein wichtiges Qualitätsmerkmal. Zudem sollte ein Team immer divers aufgestellt sein. Die ['blu:boks] BERLIN hat festgestellt, dass Beständigkeit in der Mitarbeiterschaft ein hohes Sicherheitsgefühl bei den Teilnehmenden hervorruft, sie sich besser auf die Arbeit einlassen können und Vertrauen aufbauen. Zudem ist eine langjährige persönliche Begleitung von großem Vorteil im Lifecoaching- und Kreativcoachingbereich. Das Team der ['blu:boks] BERLIN von aktuell sechs hauptamtlich Angestellten ist schon seit einigen Jahren fest dabei, einige der Mitarbeitenden bereits von Anfang an. Auch viele der Honorarkräfte und der Ehrenamtlichen sind seit Beginn engagiert. Es wird bei der Einrichtung darauf geachtet, ein ausgeglichenes Verhältnis von Frauen und Männern sowie diversen kulturellen Hintergründen und Biografien zu beschäftigen.

3.2 Die Kontextanalyse

Bei einer sogenannten Kontextanalyse geht es um die Festlegung des Umfeldes in sachlicher und sozialer Hinsicht. Eine Kontextanalyse kann wichtige Aufschlüsse über die relevanten Einflussfaktoren, die auf ein Projekt wirken können, geben. Zusätzlich bildet sie auch die Grundlage für weitere, vertiefende Planungsschritte bezüglich der Arbeit. Daher sollte sich jeder Gründer / jede Gründerin eines sozial-kulturellen Projektes sowie auch die Reformer/Reformerinnen einer bereits bestehenden Projektarbeit immer mit der Kontextanalyse auseinandersetzen. Dies gilt auch, wenn man erst einmal mit einem kleinen Projekt erste Schritte wagen möchte.

Sozialraumanalyse

Die Ziele einer Sozialraumanalyse sind unter anderem die Darstellung von sozialer Ungleichheit und Unterversorgungslagen. Bei der Sozialraumanalyse wird mithilfe statistischer Messdaten eine Vergleichbarkeit ausgewählter Stadtteile von städtischen Teilgebieten aufgeführt, um aufzuzeigen, ob und in welcher Dringlichkeit und mit welchem inhaltlichen Schwerpunkt soziale Dienstleistungen zu erbringen sind. Um an diese Daten zu kommen, sollte man sich beim örtlichen Jugendamt, beim Amt für Planung und Finanzen oder bei der Sozialplanung erkundigen. Diese Stellen erheben die Sozialdaten der Stadt nach Stadtteilen und bereiten sie systematisch auf. Häufig liegen in den Jugendämtern vor Ort die Sozialraumanalysen leicht zugänglich vor.

Wofür aber benötigt eine sozial-kulturelle Kinder- und Jugendeinrichtung eine Sozialraumanalyse? Lothar Böhnisch, Professor für Sozialpädagogik schreibt: „Kinder und Jugendliche entwickeln sich vor allem auch über Prozesse sozialräumlicher Aneignung, in denen sie die räumliche Umwelt für sich zu entdecken und gestalten suchen, um sich zu erleben und zu erfahren. Gleichzeitig tritt ihnen diese räumliche Umwelt schon besetzt, gesellschaftlich vordefiniert und funktionalisiert gegenüber.“[5] Der sozialökologische Ansatz geht also davon aus, dass Umwelt das Verhalten von Menschen definiert und beeinflusst. Die Sozialraumanalyse bietet somit methodische Möglichkeiten der Beschreibung und Erklärung des Verhaltens von Kindern und Jugendlichen an ihrem Standort.

Zuerst einmal sollte die Sozialraumanalyse im großen Wirkungs- und Arbeitsbereich der Einrichtung oder des Projektes untersucht werden. In Lichtenberg, dem großen Wirkungs- und Arbeitsbereich der ['blu:boks] BERLIN, wurden folgende Ergebnisse festgestellt[6]:

- Der Bedarf an Jugendsozialarbeit ist seit vielen Jahren enorm hoch. Hier leben 48,5% von Armut betroffene Kinder und Jugendliche.
- Im Bereich der Jugendarbeitslosigkeit ist die angespannte Lage ebenfalls zu erkennen. Mit 8,4% ist der Anteil der Arbeitslosen im Alter von 15 bis 25 Jahren höher als im Berliner Durchschnitt (5,2%).

---

[5] Böhnisch, Lothar: Pädagogische Soziologie. Eine Einführung (Grundlagentexte Pädagogik), Juventa Verlag, München ²2003, S. 171.

[6] Die ['blu:boks] BERLIN befindet sich in Berlin-Lichtenberg, im Stadtteil 6: Fennpfuhl, Planungsraum 19: Fennpfuhl-Ost. Stand der Erhebung: 31.12.2012.

- Der Anteil der Einwohner und Einwohnerinnen mit Migrationshintergrund liegt bei 23,1%. Bei den unter 18-Jährigen liegt der Anteil sogar über dem Berliner Durchschnitt, nämlich bei 45,5%.
- 38,3% aller Familien setzen sich aus einem Kind oder mehreren Kindern mit nur einem Elternteil zusammen. Somit liegt ihr Anteil höher als der bereits mit 32,2% bezifferte Anteil der Haushalte mit Alleinerziehenden im Berliner Durchschnitt.
- Die damit verbundene physische und psychische Belastung wird durch finanzielle Schwierigkeiten verschärft. Der Anteil an Transferleistungsbeziehern/-bezieherinnen liegt bei 16,5% und damit auch wieder höher als im Berliner Vergleich (13,4%).

Die Erhebungen der Sozialraumanalyse zeigen für die Arbeit der Kinder- und Jugendeinrichtung somit folgende Problempunkte auf:
- hohe Arbeitslosigkeit
- Kinderarmut
- Sprach- und Verständigungsprobleme durch Migrationsherkunft
- eingeschränkte Zukunftsaussichten durch Bestreitung des Lebensunterhaltes aus Sozialleistungen und Niedriglöhnen der Erziehungsberechtigten
- hoher Anteil alleinerziehender Elternteile, einhergehend mit Überforderung bei der Erziehung und hohem finanziellen Druck

Im nächsten Schritt wird das direkt angrenzende Einzugsgebiet im Arbeitsbereich untersucht. Die Räumlichkeiten der ['blu:boks] BERLIN sind am Lichtenberger „Roederplatz" verortet. Das Erscheinungsbild des Platzes ist von Hochhäusern geprägt, die von vielen der Teilnehmenden bewohnt werden. Zwei der Hochhäuser (mit jeweils einundzwanzig Etagen) sind seit über zehn Jahren ein sozialer Brennpunkt. Die Probleme in diesen Häusern werden wie folgt beschrieben:
- Die Bewohner und Bewohnerinnen setzen sich aus vielen verschiedenen Nationalitäten zusammen, daraus ergeben sich starke kulturelle und sprachliche Barrieren im nachbarschaftlichen Zusammenleben.
- Eine Vielzahl der Einwohner/Einwohnerinnen ist arbeitslos.
- Eine hohe Gewaltbereitschaft ist vorherrschend.
- Suchtmittelgebrauch (Suchtmittelmissbrauch) und Gewalt im Haus sind an der Tagesordnung.
- Mehr als dreißig Familien in den Hochhäusern erhalten längerfristige Unterstützung durch das Jugendamt.

Anschließend werden die Schulen und umliegenden staatlichen Kinder- und Jugendeinrichtungen im Wirkungszentrum über die aktuelle Lage zurate gezogen. Sie berichten in Lichtenberg von Unterversorgung der Kinder bezüglich Lebensmitteln und Kleidung. Auch in der Beziehungsstruktur, in der Kultur- und in der Allgemeinbildung werden erhebliche Defizite festgestellt. Es gibt Kinder und Jugendliche, die noch nie den Stadtteil verlassen haben. Zahlreiche Kinder und Jugendliche haben aufgrund ihrer sozialen Verhältnisse kaum Möglichkeiten, ihre Begabungen und Talente zu entdecken und zu entfalten. Jugendliche, die die Schule verlassen, sind oft nicht ausreichend auf die Ausbildungs- und Berufswelt vorbereitet. Sie haben zudem starke Defizite im Bereich der Sozialkompetenzen. Künstlerische und kreative Bildungsangebote sind selbst in den Schulen rar. Auch können die Eltern aus finanziellen Gründen oder wollen aus schlichtem Desinteresse gegenüber der Freizeit der Kinder keine kreativen Zusatzangebote bieten. Wenige Jugendliche haben die Möglichkeit, ein Instrument zu erlernen oder sich anderweitig zu bilden. Auch wenn Ausbildungsplätze vor Ort vorhanden sind, erfüllen viele der Jugendlichen die Anforderungen nicht. So werden sie früh vom gesellschaftlichen Leben isoliert und haben wenige Möglichkeiten, sich zu entwickeln. Es gibt einige außerschulische Angebote im Bezirk, meist Jugendclubs. Allerdings sind sie allesamt offen, niedrigschwellig und unverbindlich. Was im Stadtteil gänzlich fehlte, waren verbindliche, partizipative Angebote, die die Kinder und Jugendliche durch kontinuierliche und ergebnisorientierte Projektarbeit auf hohem Niveau herausfordern.

Jugendhilfeplanung

Es wurde gezeigt, dass für eine lebensweltorientierte Kinder- und Jugendhilfe ein möglichst genauer Einblick in den sozialen Raum vonnöten ist. Gleichermaßen unverzichtbar ist hierfür auch ein Einblick in das entwickelte Programm des örtlichen Jugendamtes, die sogenannte Jugendhilfeplanung.
Mit dem 1991 in Kraft getretenen Kinder- und Jugendhilfegesetz (Neubekanntmachung 2012, letzte Änderungen 2015) wurde für die öffentlichen Träger der Jugendhilfe erstmals die örtliche Jugendhilfeplanung als verbindliche Aufgabe eingeführt. Ihre Aufgabe ist es, Aufmerksamkeitsstrukturen, Ressourcen und öffentliche Sensibilität auf die komplexen Aufgaben der Jugendhilfe zu richten und damit auf die Sicherung der Lebensbedingungen von Kindern und Jugendlichen und deren Eltern zu lenken. Daher ist es unablässig, die Jugendhilfeplanung zu kennen und in gutem Kontakt mit dem örtlichen Jugendamt zu stehen. Die Jugendhilfeplanung ist das zentrale Steuerungsinstrument der städtischen Kinder- und Jugendhilfe.

Die ['blu:boks] BERLIN sucht als Mitglied im Lichtenberger Jugendhilfeausschuss den jugendpolitischen Diskurs, da die Jugendhilfe vor einem dringenden Paradigmenwechsel steht. Jugendhilfe und Jugendförderung sind immer auch Bildungsarbeit. Kulturelle Bildung versteht die Einrichtung als „Lebenskunst-Lernen“ und damit als Allgemeinbildung. Die klassische, offene Jugendarbeit in vielen Jugendfreizeiteinrichtungen braucht ihrer Meinung nach an dieser Stelle eine Weiterentwicklung. Angebote und Leistungen des Jugendamtes sind u. a.:

- Erziehungs- und Familienberatung, Hilfe zur Erziehung (HzE)
- Hilfe in Krisen
- Hilfe in Strafverfahren
- Kinder- und Jugendförderung
- Kinderschutz
- Bereitstellung von Bevölkerungs- und Sozialstrukturdaten und Analysen
- Erhebung, Pflege und Bereitstellung von Bestandsdaten
- Anregung neuer Methoden und Verfahren (Organisationsentwicklung, Projekte, Unterstützung von Qualitätsentwicklungsprozessen)
- Vernetzung im Sinne des Hinwirkens auf die Verbindung zu anderen Ressorts und Institutionen

Nach § 80 SGB VII sollen Einrichtungen und Dienste so geplant werden, dass insbesondere

- Kontakte in der Familie und im sozialen Umfeld erhalten und gepflegt werden können,
- ein möglichst wirksames, vielfältiges und aufeinander abgestimmtes Angebot von Jugendhilfeleistungen gewährleistet ist,
- junge Menschen und Familien in gefährdeten Lebens- und Wohnbereichen besonders gefördert werden,
- Mütter und Väter Aufgaben in der Familie und Erwerbstätigkeit besser miteinander vereinbaren können.

Somit stellt sich die Jugendhilfeplanung der Region als wichtiger Partner in der konzeptionellen Entwicklung sowie der täglichen Arbeit einer Kinder- und Jugendeinrichtung heraus. Die ['blu:boks] BERLIN ist daher in regionalen Gremien vertreten, wie zum Beispiel im „Forum Fennpfuhl“, im „Forum Freier Träger“, in der Arbeitsgemeinschaft nach § 78 SGB VIII (z. B. „log in“, in der „Kleinen und Großen Regio“) und im Jugendhilfeausschuss. Man sollte daher unbedingt recherchieren, welche Foren und Ausschüsse es im Kontext des jeweiligen Projektes gibt. Zudem sollte man sich im Bürgeramt informieren, Personen diverser Ausschüsse treffen und in den Austausch mit anderen Projekten vor Ort treten, die wichtige Partner in der Arbeit sein können.

Netzwerkpartner

Es ist für die konzeptionelle Arbeit wichtig, neben der Sozialraumanalyse und der Kenntnisnahme des Jugendhilfeplans der Region auch die Struktur und die Gegebenheiten vor Ort einzubeziehen. Ein gutes Miteinander vor Ort fördert die Arbeit ungemein, auf diese Weise werden große Synergieeffekte für das jeweilige Projekt erzeugt. Jeder Gründer / jede Gründerin und jeder Reformer / jede Reformerin eines sozial-kulturellen Projektes braucht ein Herz für sein/ihr Arbeitsumfeld und die Menschen vor Ort, auch für jene, die hier bereits Sozialarbeit leisten. Durch authentisches Engagement im Umfeld und den Austausch mit den Bewohnern/Bewohnerinnen und Sozialarbeitern/Sozialarbeiterinnen vor Ort entsteht Vertrauen. Auch wenn verschiedene methodische Herangehensweise vorherrschen, alle arbeiten auf das gleiche Ziel hin: Sie wollen eine positive Veränderung für die Menschen im Arbeitskontext erreichen. Man muss sich und das eigene Projekt somit immer auch als Teil eines großen zusammenhängenden Netzwerkes im eigenen Arbeitskontext sehen.

Die ['blu:boks] BERLIN pflegt den Netzwerkgedanken stetig und arbeitet im Bezirk inhaltlich u. a. mit folgenden Kooperationspartnern zusammen:

- staatliche und freie Jugendeinrichtungen im Bezirk und in der Stadt
- Jugendamt des Bezirkes, Kontakte zu politischen Parteien und dem Bezirksamt (insbesondere der Stadträtin für Jugend)
- Schulen im Bezirk und in der Stadt
- Lehrer/Lehrerinnen, Schul- und Sozialarbeiter / Schul- und Sozialarbeiterinnen im Bezirk
- Kirchen und Freikirchen im Bezirk und in der Stadt
- Gemeindejugendwerk Berlin-Brandenburg

- RBO (Rehabilitationszentrum Berlin Ost)
- AWO Refugium im ParkCenter Herzberge (Unterkunft für Geflüchtete/Asylbewerber)
- Die Arche (Christliches Kinder- und Jugendwerk)
- Fachstelle für Suchtprävention in Berlin
- usw.

3.3 Die sozialpädagogischen Inhalte

„Motivation, Gefühle und Handlungen von Menschen resultieren in stärkerem Maße daraus, woran sie glauben oder wovon sie überzeugt sind, und weniger daraus, was objektiv der Fall ist."

Albert Bandura, Lernpsychologe

Definitionen der Begrifflichkeiten

Nachdem das Menschenbild und dessen Kontext analysiert wurden, wird im Folgenden der Umgang mit dem Menschen in der ['blu:boks] BERLIN entfaltet. In der Sozialpädagogik wird das allgemeine Ziel verfolgt, das eigenverantwortliche Denken und Handeln im privaten und gesellschaftlichen Leben von Kindern und Jugendlichen zu stärken. Darüber hinaus beschäftigen sich sozialpädagogische Maßnahmen weiterhin mit der Möglichkeit, gesellschaftliche Benachteiligungen bei Kindern und Jugendlichen, die zum Beispiel in Armut aufwachsen, mit der Arbeitslosigkeit der Eltern oder Gewalterfahrungen konfrontiert sind, abzubauen.

Als sozialpädagogische Grundlage hat sich die ['blu:boks] BERLIN „Wertschätzung" als Leitbild der Arbeit gesetzt. Daher werden im Folgenden zunächst die Begriffe Selbstwert, Selbstwirksamkeit und Resilienz als Basisbegriffe der Arbeit definiert.

Selbstwert

Wie können wir Kindern und Jugendlichen helfen, sich zu sozialen und starken Persönlichkeiten mit einem gesunden Selbstwertgefühl zu entwickeln? Mit Selbstwert oder Selbstwertgefühl ist das Erleben einer positiven Grundeinstellung sich selbst gegenüber und durch andere gemeint. Über den Selbstwert erfahren die Kinder und Jugendlichen, dass sie sich als gute und wertvolle Geschöpfe annehmen dürfen und durch ihr Handeln in der Welt Positives bewirken können. Bei Kindern und Jugendlichen, die in einem sozial schwierigen Umfeld aufwachsen, ist gerade das Gefühl für den eigenen Wert – die Wertschätzung der eigenen Anlagen und Fähigkeiten in Auseinandersetzung mit der Umwelt – großen Schwankungen ausgesetzt. Worum es nicht geht, ist die Errichtung eines Schutzsystems vor den Herausforderungen des Lebens, um Kinder und Jugendliche vor den Rückschlägen des Schicksals zu bewahren, sondern darum, über den erfahrenen Selbstwert mit diesen Situationen besser umgehen zu können.

Selbstwirksamkeit

Das Bild, das Kinder und Jugendliche von sich selbst haben, ihr „Selbst", bestimmt ihr Fühlen, Denken und Handeln. Der kanadische Psychologe Albert Bandura beschreibt das Konzept der Selbstwirksamkeit basierend auf seiner sozial-kognitiven Lerntheorie. Nach Bandura gehören Erwartungen und Erfahrungen von Selbstwirksamkeit zu den wichtigsten Einflussfaktoren auf das menschliche Handeln. Selbstwirksamkeit beschreibt die individuelle und unterschiedlich ausgeprägte Überzeugung von Kindern und Jugendlichen, aufgrund eigener Fähigkeiten in bestimmten Situationen etwas erreichen oder bewirken zu können. Ist ein Kind sich sicher, eine Handlung erfolgreich ausführen zu können, erhöht das die Chance, tatsächlich Erfolg zu haben. Die Einschätzung eigener Wirksamkeit hat für Kinder und Jugendliche große Auswirkungen auf die Wahrnehmung von Situationen, auf die Motivation, das Handeln und die jeweilige Leistung. Eine positive Selbstwirksamkeit erhöht zudem die Wahrscheinlichkeit, dass ein Kind erfolgreich ist. Das Handeln kann dabei stärker von der Einschätzung der Selbstwirksamkeit geprägt sein, als von den tatsächlichen Fähigkeiten[7].

Resilienz

Immer wieder begegnen den Mitarbeitenden der ['blu:boks] BERLIN Kinder und Jugendliche, die in einem Umfeld aus Armut, Gewalt, Verwahrlosung, psychischen Verletzungen, Trennung der Eltern oder anderer stark negativer Einflüsse im Elternhaus oder dem näheren Familienkreis aufwachsen. Mit dem Phänomen der scheinbar „hoffnungslosen Fälle", die sich trotz aller Erwartungen zu aktiven, entschlossenen und positiven jungen Menschen entwickeln, beschäftigt sich der noch sehr junge Wissenschaftszweig der Resilienzforschung. Der Begriff Resilienz stammt aus der Materialkunde (Englisch: resilience) und bedeutet „Spannkraft" oder „Elastizität". Übertragen ist damit die Fähigkeit gemeint, nach harten Schicksalsschlägen oder schweren Lebenskrisen wieder „auf die Beine zu kommen". Resilienz beschreibt die Widerstandsfähigkeit der Seele oder das „Immunsystem der Seele". Ziel der Resilienzforschung ist es daher, Klarheit darüber zu gewinnen, welche Bedingungen psychische Gesundheit und Stabilität bei Kindern und Jugendlichen begünstigen, um psychische und seelische Belastungen erfolgreich zu überstehen.
Es gibt zahlreiche Studien, die das Phänomen der Resilienz untersucht haben, dabei werden folgende Fakten beschrieben:

- Resilienz ist nicht angeboren, sondern erlernbar.
- Die Widerstandsfähigkeit eines Kindes oder Jugendlichen ist nicht in jeder Lebensphase gleich stark ausgeprägt, daher kann Resilienz unter bestimmten Umständen variieren.
- Resilienz ist das Ergebnis individueller und sozialer Faktoren.

Resiliente Kinder nutzen ihre Talente und Begabungen effektiv aus, erwarten konkreten Erfolg ihrer zielgerichteten Handlungen und stellen sich aktiv schwierigen Situationen.

Anhand Edith Henderson Grotbergs Forschungen zur Resilienzförderung wird die Selbstauffassung eines resilienten Kindes folgendermaßen beschrieben[8]:

Ich habe ...

- Menschen um mich, die an mich glauben.
- Menschen um mich, die mir helfen, selbstbestimmt zu agieren.
- Menschen um mich, die eine Vorbildfunktion für mich ausfüllen.
- Menschen um mich, die mir vertrauenswürdige Grenzen aufzeigen.
- Menschen um mich, die mich vor gefährlichen Situationen bewahren.

---

[7] Siehe hierfür: www.nrw.ganztaegig-lernen.de/sites/default/files/HA2010-Input_Selbstwirksamkeit.pdf, letzter Zugriff am 18.08.2016

[8] Zander, Margherita: Armes Kind – starkes Kind. Die Chance der Resilienz, VS Verlag für Sozialwissenschaften, Wiesbaden [3]2010, S. 197-198.

- Menschen um mich, die mich dabei unterstützen, stetig Neues zu lernen und mich gewinnbringend herausfordern.

Ich bin ...

- ein Mensch, der von anderen wertgeschätzt und geliebt wird.
- froh, wenn ich anderen Menschen helfen kann.
- respektvoll gegenüber meinen Mitmenschen und mir selbst.
- verantwortungsbewusst für meine Handlungen.
- hoffnungsvoll, dass alles gut werden wird

Ich kann ...

- mit anderen Menschen sprechen, wenn ich Angst und Sorgen habe.
- Probleme lösen, die sich mir in den Weg stellen.
- auch in schwierigen Situationen reflektiert und zuversichtlich handeln.
- unterscheiden, wann ich selbstständig handeln muss und wann ich jemanden um Hilfe bitten sollte.
- Menschen finden, die mich unterstützen, wenn ich Hilfe benötige.

In der ['blu:boks] BERLIN hat die Resilienzförderung der Kinder und Jugendlichen oberste Priorität, um das Leitziel – Selbstwert aufbauen – zu erreichen. Resilienzförderung geschieht dabei auf zwei Ebenen: der individuellen Ebene und der Beziehungsebene.

- Aufbau einer stabilen, emotional-positiven Bindung zu den Kindern und Jugendlichen, sodass sich sichere Bindungsmuster zwischen Mitarbeitenden und Kind oder Jugendlichem entwickeln können.
- Praktizierung eines Erziehungsstils, der sich durch Wertschätzung und Akzeptanz gegenüber den Kindern und Jugendlichen auszeichnet.
- Mitarbeitende dienen als positive Rollenmodelle, sprechen Mut zu und leben vor, wie Krisensituationen im Alltag bewältigt werden.
- Mitarbeitende fördern positive Kontakte unter gleichaltrigen Teilnehmenden und Freundschaftsbeziehungen.
- Mitarbeitende sorgen für ein wertschätzendes Klima in der gesamten ['blu:boks] BERLIN und ihrem Umfeld.

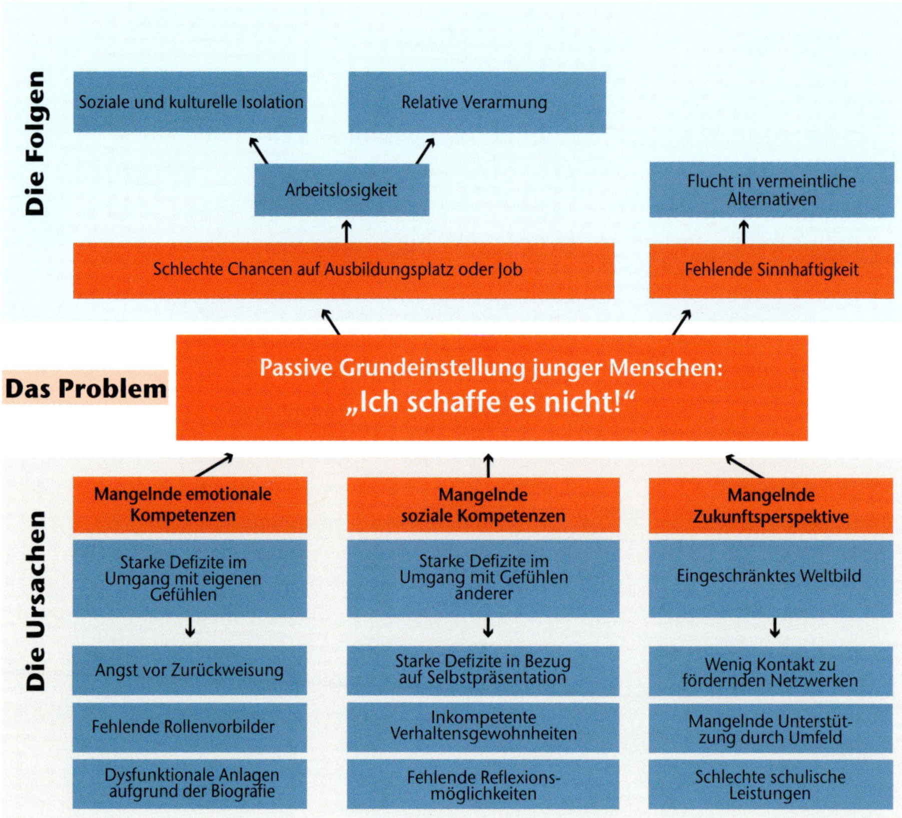

Problembaum – Passive Grundeinstellung

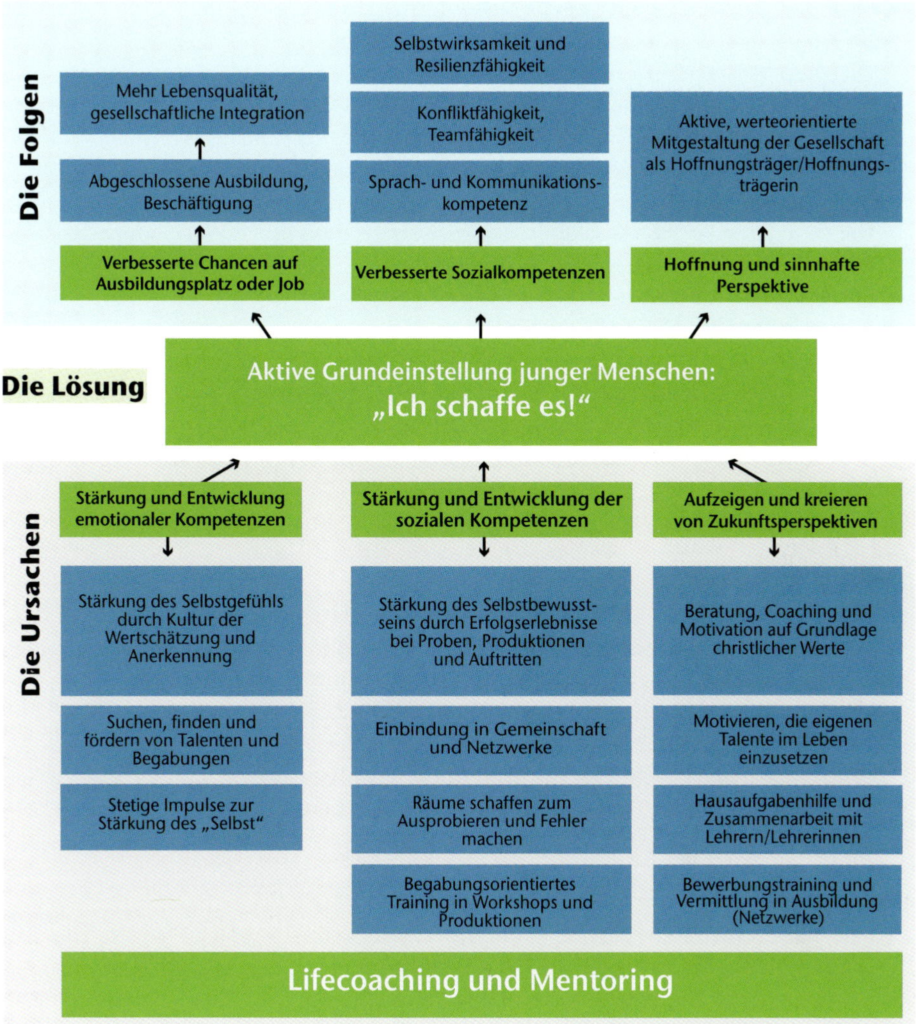

Lösungsbaum – Aktive Grundeinstellung

Das sozialpädagogische Konzept

Aufgrund der ermittelten Daten, Hintergründe und Informationen entsteht nun das klar definierte Konzept des Projektes oder der Einrichtung. Dieses muss in der Zielformulierung genau benannt und in Querschnittsziele aufgeteilt werden. Zu empfehlen ist zudem, die Folgen der Umsetzung des Konzeptes für die unmittelbare Umgebung / die Gesellschaft zu benennen. Diesen Schritt sollte man auch dann machen, wenn das Projekt deutlich kleiner ausfällt als die ['blu:boks] BERLIN.

Die Kernpunkte des Konzeptes der ['blu:boks] BERLIN

- ein hoher Betreuer/Betreuerinnen-Schlüssel (maximal drei Kinder oder Jugendliche auf einen Mitarbeiter / eine Mitarbeiterin)
- eine hochwertige Wahrnehmungs- und Willkommenskultur
- eine professionelle und hochwertige Ausbildung durch Künstler/Künstlerinnen, fürsorgliche und persönliche Begleitung durch pädagogische Fachkräfte und ehrenamtlich Mitarbeitende mit einem hohen Maß an Leidenschaft und Liebe
- klar vermittelte Struktur und überschaubare Zielsetzung durch Workshopangebote
- Gewissheit der eigenen Ressourcen vermitteln
- Schaffen von größeren Herausforderungen die bestanden werden (z. B. durch Auftritte vor großem Publikum)
- Eigenverantwortung und Einbeziehung der Kinder und Jugendlichen
- regelmäßige Evaluation der Ergebnisse durch die Teilnehmenden und Mitarbeitenden
- Supervision und Weiterbildung der Mitarbeitenden

Ziele

Die ['blu:boks] BERLIN investiert sich in der praktischen Umsetzung der Arbeit in folgenden Aktivitäten:

Kreativcoaching

- wöchentliche, altersspezifisch getrennte Workshops in den Bereichen Tanz, Theater, Multimedia, Musik (Gesang, Rap, Musik-/Rhythmusinstrumente)
- Erarbeitung einer Theaterproduktion (Dialoge, Musik, Tanz, Dramaturgie usw.)
- Vermittlung theoretischer und praktischer Grundlagen
- zusätzliche kreative Angebote wie Rap-, Musik- und Theatertexte schreiben, Einzelcoaching für Schauspiel, Gesang und Tanz mit Hauptdarstellern/Hauptdarstellerinnen, Bühnenbild-, Kostüm- und Technikworkshops

Lifecoaching

- inhaltliche Auseinandersetzung in den Workshops mit bestimmten Themen, zum Beispiel Mobbing, Menschenrechte, berufliche Orientierung, Elternkonflikte u. a.
- Einzelgespräche bei Bedarf während und außerhalb der Workshops über persönliche Anliegen der Kinder und Jugendlichen, Hausaufgabenhilfe usw.

Bühnentätigkeiten

Die Kinder und Jugendlichen lernen die gesamte Bandbreite einer Bühnenproduktion kennen. Sie haben die Möglichkeit, in folgenden Bereichen Erfahrungen zu sammeln:

- Darsteller/Darstellerin auf der Bühne
- Lichteinrichtung und -steuerung
- Toneinrichtung und -steuerung
- Bühnenbau, Kulissenaufbau, Requisitenherstellung oder Besorgung
- Maskenbild und Kostüm
- Catering
- Eventmanagement

Freizeiten, Camps und Feierlichkeiten

- Jährlich wird eine Sommerfreizeit mit allen Teilnehmenden und einmal im Jahr eine Jungs- und eine Mädchenfreizeit durchgeführt.
- Zudem werden regelmäßig Feiern an Weihnachten, Christi Himmelfahrt oder zur Zeugnisvergabe usw. begangen.

Querschnittsziele

Die ['blu:boks] BERLIN erreicht durch diese Aktivitäten folgende Punkte:

- Soziale Kompetenzen: Die sozialen Kompetenzen, die unter anderem eng verknüpft sind mit dem Einstieg in das Berufsleben, sollen gestärkt werden (Teamfähigkeit, Sprachkompetenz, Motivationskompetenz, Kritikfähigkeit, Präsentationskompetenz, Selbstwirksamkeit).
- Chancengleichheit für Mädchen und Jungs: Es wird beachtet, dass das Verhältnis der Mädchen und Jungen, die an den Projekten teilnehmen, ausgewogen ist. Einmal im Jahr werden geschlechtsspezifische Freizeiten angeboten, damit auf die besonderen Bedürfnisse der jeweiligen Geschlechtergruppen eingegangen werden kann.
- Nachhaltigkeit: Kinder und Jugendliche sollen über einen langen Zeitraum und regelmäßig zu den Workshops und Veranstaltungen kommen. Auf diese langfristigen, individuellen Beziehungen soll besonders Wert gelegt werden. Die Erfahrungen werden regelmäßig dokumentiert und an andere Kinder- und Jugendprojekte weitergegeben. Hilfreich sind dabei auch die regelmäßigen Feedback-Runden in den Kreativworkshops und die kontinuierlichen Aufzeichnungen der Mitarbeitenden.
- Empowerment: Langjährige Teilnehmende sollen Verantwortung übernehmen und zu ehrenamtlich Mitarbeitenden ausgebildet werden.
- Integration: Die Förderung der Kreativität und das Verständnis der Kulturen ist ein wichtiger Aspekt der Arbeit. Er soll zur Qualifizierung der eigenen und zur Toleranz der anderen Lebenseinstellungen beitragen. Unabhängig von Religion, Herkunft, sozialer Schicht, sexueller Orientierung usw. sind alle Teilnehmenden willkommen und wertgeschätzt. Dies gilt auch für die Inklusion von Menschen mit Behinderung.

Folgen

Das außerschulische Angebot der ['blu:boks] BERLIN ergänzt die bisherigen kulturellen Bildungsangebote im Stadtteil um folgende Dimensionen:

- Partizipation
- Nachhaltigkeit
- Professionalität
- interdisziplinäre Zusammenarbeit

Sozialer Wandel geschieht durch die ['blu:boks] BERLIN im Stadtteil auf drei Ebenen:

- **Erste Ebene:** Die Resilienz und Selbstwirksamkeit der Kinder und Jugendlichen wird gestärkt.
- **Zweite Ebene:** Die Chancen des Individuums auf ein selbstbestimmtes Leben erhöhen sich immens durch Mentorenschaft mit Mitarbeitenden.
- **Dritte Ebene:** Die Teilnehmenden werden selbst zu Mentoren/Mentorinnen und übernehmen somit gesellschaftliche Verantwortung.

3.4 Die Wahrnehmungs- und Willkommenskultur

Der Wert der Wahrnehmungs- und Willkommenskultur wurde von Anfang an als Grundpfeiler in der sozial-kulturellen Einrichtung implementiert. Wie der Begriff Kultur schon ausdrückt, geht es nicht nur um punktuell gesetzte Impulse beim Zusammentreffen von Mitarbeitenden mit den Kindern und Jugendlichen in der gemeinsamen Arbeit, sondern um eine systematisch eingesetzte Erfahrungswirklichkeit, die die Gemeinschaft nachhaltig mit Wertschätzung würdigt. Vom Betreten bis zum Verlassen der Räumlichkeiten wird den Teilnehmenden Wertschätzung entgegengebracht, die dem Kind und Jugendlichen immer wieder spiegeln: „So, wie du bist, bist du gut. Du bist herzlich willkommen. Du bist begabt. Du hast Potenzial."

Eine Kultur der Wertschätzung

- Wertschätzung zeigt sich, indem die gegenwärtige Lage sowie die Entwicklungen des Einzelnen / der Einzelnen authentisch gewürdigt werden.
- Wertschätzung bestimmt, welche Fähigkeiten ein junger Mensch erlernt, und wie er sich in alltäglichen Situationen zu sich selbst und seinem Nächsten / seiner Nächsten verhält.
- Mangelnde Wertschätzung wird wie eine Kränkung erlebt.
- Taten sind die Indikatoren für eine gelebte Kultur der Wertschätzung.

„Wenn man mich fragt, welche Kompetenz ich einem jungen Menschen in erster Linie wünsche, dann würde ich mich ohne Zweifel für die ‚Wertschätzungskompetenz' entscheiden", berichtet Torsten Hebel aufgrund seiner beruflichen Erfahrungen bei der ['blu:boks] BERLIN. Dabei steht der etwas unförmig klingende Begriff stellvertretend für ähnliche Begriffe wie Beachtung, Anerkennung, Respekt, Akzeptanz, Bestätigung, Würdigung, Zuwendung und Nächstenliebe. Jedes Individuum sehnt sich nach Wertschätzung. Wertschätzung und positives Feedback werden in wissenschaftlichen Untersuchungen sowohl im Arbeitsumfeld als auch im Privatleben als eine der wichtigsten Bedürfnisse der Befragten angegeben. Eine gelebte Kultur der Wertschätzung ist folglich wesentlich für jede sozial-kulturelle Arbeit mit Kindern und Jugendlichen.

Das Gegenteil von wertschätzendem Verhalten ist Abwertung oder Ignoranz. Viele Menschen leiden zeitlebens darunter, dass sie schon in früher Kindheit nicht ausreichend wahrgenommen wurden und sich deshalb nicht wertgeschätzt und beachtet fühlen. Sie regulieren ihr Selbstwertgefühl dadurch, dass sie sich selbst oder andere folglich abwerten oder missachten. Ein solches Verhalten ist meist das Ergebnis der eigenen Lerngeschichte. Sie wird mitunter von Generation zu Generation weitergegeben. Viele Alltagskonflikte haben somit ihre Wurzeln in zu selten erlebter Wertschätzung.

Wer andere wertschätzt, verhilft zu einer positiven Form der „Spiegelung" des Einzelnen. Diese Spiegelung verhilft dazu, sich besser wahrzunehmen und ein gesundes Selbstbewusstsein sowie hilfreiche Formen des zwischenmenschlichen Umgangs zu entwickeln.

Wertschätzungskompetenz spielt somit im Hinblick auf mehrere Phänomene eine wichtige Rolle:

- die eigene Person
- die Mitmenschen
- das Leben und die damit verbundenen Möglichkeiten

In der Psychotherapie hat sich besonders die von Eric Berne begründete „Transaktionsanalyse“ unter der Formel „Ich bin o. k., du bist o. k.“ mit Wertschätzungskompetenz und deren Folgen befasst.[9] Wertschätzung hat nach Berne nichts mit „Unterwürfigkeit“ zu tun. Im Gegenteil: Je höher der Wert des/der Wertschätzenden ist, umso wertvoller fällt der Wert seiner/ihrer Mitteilungen ins Gewicht. Diesem Umstand ist es zu verdanken, dass wertschätzendes Verhalten auch auf den Wertschätzer / die Wertschätzerin selbst positiv rückwirkt. In aller Regel vermittelt es ihm/ihr ein Gefühl, auch selbst wertvoll und etwas Besonderes zu sein. Wertschätzung kann in den unterschiedlichsten Formen ausgedrückt werden, angefangen vom ausdrücklichen Kompliment oder Lob über viele Gesten bis hin zu Verhaltensweisen wie der „Gastfreundschaft“.

Authentische Wertschätzung leben

Wertschätzung erfordert mehr als nur Wertvolles im anderen zu erkennen. Es muss im wahrhaftigen Sinn des Wortes geschätzt und somit aufgewertet, also aktiv zum Scheinen gebracht werden. Deshalb bewirken reine Lippenbekenntnisse oder gut gemeinte Versuche, das Selbstwertgefühl eines anderen zu stärken, nichts. Es fehlt dabei die erforderliche Authentizität der jeweiligen Mitteilung.

Nicht authentische Wertschätzung beruht darauf, einen anderen Menschen nicht ausreichend lange oder intensiv wahrzunehmen. Es sind vor allem Vorurteile und einseitige Sichtweisen, die das Bild vom anderen prägen und den Umgang mit ihm beeinflussen. Denn Anerkennungsbekundungen haben im Zusammenhang von Wertschätzung nicht allein mit der „Anerkennung für Leistungen“ zu tun. Die reine Anerkennung von Leistung würdigt nur diejenigen Aspekte des Verhaltens, die dem Allgemeinwohl nutzen, und kann somit die Entwicklung eines „falschen Selbst“ fördern.

Die Beobachtung der ['blu:boks] BERLIN ist, dass diejenigen, die Probleme mit ihrem Selbstwert haben, andere Kinder und Jugendliche „klein“ machen, um selbst größer zu erscheinen. Genauso wird aber auch festgestellt, dass authentische Anerkennung und Würdigung zu den Werkzeugen gehören, die seelische Wunden heilen können und die Teilnehmenden in die Lage versetzen, ihren gleichaltrigen Mitmenschen auf respektvoller Augenhöhe zu begegnen. Indem die eigene Würde wiederhergestellt ist, werden andere auch wieder in den Stand der Würde versetzt.

Ohne ausreichendes Einfühlungsvermögen besteht die Gefahr, dem anderen lediglich die eigenen Vorstellungen und Erlebnisweisen durch Projektion überzustülpen. Deswegen ist in der täglichen Arbeit einer Einrichtung insbesondere Einfühlungsvermögen in die Erlebnisweisen der Kinder und Jugendlichen erforderlich. Die Mitarbeitenden sollten immer wieder daran erinnert werden, die „Kultur der Wertschätzung“ sowohl gegenüber sich

---

[9] Harris, Thomas A.: Ich bin o.k. – Du bist o.k. Wie wir uns selbst besser verstehen und unsere Einstellung zu anderen verändern können – Eine Einführung in die Transaktionsanalyse, Rowohlt Verlag, Hamburg [49]2001.

selbst als auch gegenüber den Kindern einfühlsam zu leben. Authentische Wertschätzung setzt somit immer Einfühlungsvermögen voraus, und dies muss fortlaufend mit den Mitarbeitenden einer Einrichtung trainiert werden: mittels einer fortlaufenden Reflexion der eigenen Arbeitsweise, einem Austausch über die Arbeitsweise der Mitarbeiterschaft und durch kontinuierliche Weiterbildungen dieser.

Bedingungslos annehmen

Viele dysfunktionale Verhaltensweisen junger Menschen sind als eine Überlebensstrategie unterbewusst antrainiert worden. Es ist daher elementar wichtig, diese Überlebensstrategien, so störend sie anfänglich auch erscheinen mögen, in ihrem ursprünglichen Wert anzuerkennen. Oftmals können sie nur unter der eben beschriebenen „Würdigung“ abgelegt werden und dem Kind oder Jugendlichen neue Verhaltensmöglichkeiten eröffnen. Bleibt die Würdigung und die Wertschätzung der eigenen Person aus, und das gilt vor allem für Kinder und Jugendliche die zum ersten Mal die ['blu:boks] BERLIN besuchen bzw. noch nicht lange dabei sind, wiederholt sich für das betroffene Kind die schmerzhafte Erfahrung, nicht in seinen Bemühungen um Kontakt erkannt zu werden. Als Folge wird sich das Kind noch stärker an die bislang einzig funktionierende (dysfunktionale) Verhaltensweise klammern. Der Kreislauf wird nicht gebrochen, sondern verstärkt. Druck und die daraus folgenden Ermahnungen und Sanktionen werden das Verhalten des Kindes und Jugendlichen verfestigen und es wird im Laufe der Zeit immer schwieriger, dieses Muster zu ändern.

Abwertungstendenzen erkennen

Auch Abwertungstendenzen müssen früh erkannt und immer wieder überprüft werden. Beispielsweise kann sich mangelnde Wertschätzung in kleinen Alltagsfloskeln verstecken, wie einem häufig zu begegnenden „Ja, aber...“. In den vielen Sätzen, die mit „Ja, aber ...“ beginnen, erlebt sich der/die scheinbar Anerkannte nur für den Bruchteil einer Sekunde anerkannt oder verstanden. Durch das unmittelbar folgende „aber“ wird sofort alles wieder in Frage gestellt.

Praktische Wege zur Implementierung

Es ist nicht einfach, eine Kultur der Wertschätzung zu etablieren und wahrhaftig zu halten. Daher ist es wichtig „Wertschätzungs-Grundsätze“ zu schaffen, die für sozial-kulturelle Projekte als Orientierung gelten. Dies gilt für große Projekte genauso wie für kleinere.

Konkret werden in der ['blu:boks] BERLIN folgende Grundsätze für eine praktische Umsetzung einer Kultur der Wertschätzung gelebt:

- In den ersten 30 bis 45 Sekunden nach Betreten der Räumlichkeiten bekommt jeder/jede Teilnehmende ein anerkennendes Wort, ein ehrliches Kompliment, eine Bestätigung ausgesprochen. Natürlich darf dies nicht geheuchelt oder aufgesetzt sein. Das bedeutet, dass die Muskulatur des positiven Beobachtens und wohlwollenden Wahrnehmens der Mitarbeitenden trainiert und geschult sein muss. Schon allein die Möglichkeit, einem/einer Teilnehmenden ehrlich zu sagen, wie schön man es findet, dass er/sie heute da ist, setzt von Anfang an positive Impulse und schafft eine Atmosphäre der Anerkennung.

- In den Räumlichkeiten der ['blu:boks] BERLIN hängen viele Bilder der Kinder und Jugendlichen in glücklichen Situationen. Hier wird gezeigt, was sie schon alles Positives erlebt und erreicht haben. Die Teilnehmenden werden an ihre Erfolge erinnert und ihr Weg dorthin gefeiert.
- Die Kinder und Jugendlichen werden voreinander und im direkten Feedback-Gespräch gelobt. Zudem wird in der künstlerischen Arbeit nie die Person kritisiert, sondern immer konstruktive Kritik an der Arbeit ausgeübt. Es wird nicht darauf hingewiesen, was schlecht war, sondern was noch besser gemacht und was ausgebaut werden kann.
- Alle Angebote werden sorgfältig und mit hohem Aufwand gestaltet. Die Angebote sind auf die Teilnehmenden zugeschnitten und werden an ihre Lebenswirklichkeit angepasst.
- Die Teilnehmenden erhalten hin und wieder einen persönlich an sie geschriebenen Brief mit nach Hause. Wenn ein Kind zur Probe nicht erscheint, wird nachgefragt, zu Hause angerufen und immer wieder signalisiert: Du bist uns nicht egal – wir brauchen dich!
- Augenkontakt und Körperkontakt sind in der ['blu:boks] BERLIN sehr wichtig. 80% der zwischenmenschlichen Kommunikation läuft über Körpersprache und vor allem Augenkontakt. Hier ein konkretes Beispiel: Wenn die Mitarbeitenden der ['blu:boks] BERLIN mit einem Kind sprechen, dann setzen sie sich meist in die Hocke, gehen somit auf Augenhöhe mit dem Kind und sprechen nicht „von oben herab". Angemessene Berührungen an Kopf oder Schulter vermitteln gerade in jungen Jahren ebenfalls das Gefühl: Ich bin gewollt und ich bin angenommen. Die Betonung liegt hier aber eindeutig auf dem Wort „angemessen". Nähe und Distanz abzuwägen, ist sehr wichtig in der Pädagogik.
- Die Räumlichkeit der ['blu:boks] BERLIN ist ein integraler Bestandteil der Willkommens- und Wahrnehmungskultur. Ein Raum prägt mit seiner Ästhetik und seinem Design den Menschen. Die hochwertige Ausstattung (Parkett statt Linoleum, eine große Bühne mit rotem Vorhang und guter Licht- und Tonanlage, große Fensterfront, saubere Tische und Stühle, eine Bar- und Spielecke mit Sesseln und indirekter Beleuchtung usw.) zeugt davon, wie sehr die Teilnehmenden geschätzt werden und wie wertvoll sie sind. Denn Kinder und Jugendliche spüren instinktiv, ob sie wirklich willkommen sind oder nicht. Die Erfahrung über die Jahre spricht für sich: In der ['blu:boks] BERLIN hat es in nur ganz wenigen Fällen Vandalismus oder Gewalt gegenüber Menschen gegeben. Die Teilnehmenden empfinden die Räumlichkeiten als ihre Oase und ihren Rückzugsort. Gerade in einem Wohnumfeld, das wenig Ästhetik und Wohlfühlcharakter ausstrahlt, begreifen die Kinder und Jugendlichen den hohen Wertschätzungs- und Wahrnehmungscharakter, der über die Räumlichkeit in der ['blu:boks] BERLIN zum Ausdruck kommt.

3.5 Die ästhetische Bildung

Die ['blu:boks] BERLIN hat sich auf die Methode der „ästhetischen Bildung" festgelegt, um ihr Leitziel zu erreichen: die Selbstwirksamkeit der Kinder und Jugendlichen stärken und entwickeln. Was aber meint „ästhetische Bildung" und wie findet sie sich in der Konzeption der Einrichtung wieder?

Die Grundlage der Methode

Das Wort Ästhetik leitet sich vom griechischen „aisthesis" ab, welches mit „sinnliche Wahrnehmung" oder „Empfindung" übersetzt werden kann.

„Ästhetische Bildung" verfolgt das Ziel, kindliches Forschen, Lernen und Erkennen durch sinnliche Erfahrungen zu ermöglichen. Kinder nehmen sich selbst und ihre Umwelt ganzheitlich durch die Summe ihrer Sinne wahr. Sie fühlen, riechen, schmecken, hören, sehen, tasten und spüren. Die ästhetisch-kulturelle Bildung verknüpft die Entwicklung dieser sinnlichen Erfahrungen und Wahrnehmungsfähigkeiten mit kulturellen Praktiken, das heißt künstlerisch-kreativen Arbeitsweisen und Ausdrucksformen, und ermöglicht eine Auseinandersetzung und Verarbeitung von sinnlichen und emotionalen Erfahrungen im Alltag.

In der ['blu:boks] BERLIN stehen jedem Kind und jedem/jeder Jugendlichen dem individuellen Entwicklungsstand angepasste „ästhetisch-kulturelle" Angebote durch Kreativworkshops, Aktions- und Erfahrungsräume sowie Spielmöglichkeiten zur Verfügung. Die Kinder und Jugendlichen erhalten die Möglichkeit, ihre Erfahrungen und Fähigkeiten in den Bereichen Gesang, Komposition, Texten, Musizieren, Tanz, Choreografie, Schauspiel, Pantomime, Schreiben, Zeichnen, Malen, bildnerisches und plastisches Gestalten, Nähen, Werken, Film und neue Medien individuell zu erproben und zu erweitern.

In einer bewusst geplanten, ästhetischen Umgebung wird den Teilnehmenden ermöglicht, sich mit sich selbst, ihrem Körper, anderen Kindern und Jugendlichen und ästhetischen Gestaltungsfeldern zu beschäftigen und auseinanderzusetzen. Um den Mangel an sozialer Kompetenz und Selbstwertgefühl auszugleichen, werden sie notenfrei, fehlerfreundlich und stärkeorientiert von den Mitarbeitenden und teilnehmenden Kindern und Jugendlichen unterstützt. So ernten sie unmittelbare Anerkennung, tanken Selbstbewusstsein und stärken ihre Selbstwirksamkeit.

Kunst als Methode und Konzept

Warum ist Kunst als Methode und Konzept für die ['blu:boks] BERLIN von zentraler Bedeutung?

Wenn beispielsweise ein Lied eingeübt und gesungen wird, geht es nicht nur darum, die richtigen Töne zu treffen. Musik lebt nicht von der Mathematik allein. Wenn ein Lied nicht „beseelt" werden kann, mit den eigenen Sinnen und Emotionen aufgefüllt wird, dann wird es niemals lebendig und wahrhaftig sein. Genauso kann auch Theater nicht technisch gespielt werden, sondern das Herz und der eigene Verstand müssen dabei sein. Dies gilt für alle Bereiche der künstlerischen Arbeit. Daher erinnert Kunst und Kultur als Methode **und** Konzept an das Leben. Das Leben lässt sich nicht technisch bestreiten. Es gibt keine Gleichung, wie man das Leben richtig und falsch abarbeiten kann.

Die Einrichtung ist überzeugt, um das Leben gelingen zu lassen, muss es mit Herz, Seele und Verstand bestritten werden.

Genau an diesem neuralgischen Punkt haben Kinder und Jugendliche in Lichtenberg oft keine Möglichkeiten sich auszuprobieren. Sie haben keinen Ort, an dem sie Leben lernen dürfen und ohne tiefgreifende Konsequenzen Fehler machen können. Die ['blu:boks] BERLIN möchte ein Ort sein, an dem durch Kunst und Kultur das Herz, die Seele und der Verstand stimuliert, geschult und trainiert werden.

Musik, Tanz, Theater, Multimedia und jede andere künstlerische Form sprechen immer alle Sinne und den ganzen Menschen an. Je mehr die Teilnehmenden verstehen, warum künstlerische Arbeit auf der Bühne gelingt, und sie erklärt bekommen, welche Methode und konzeptionelle Arbeit dahinter stehen, umso mehr Sicherheit bekommen sie in der künstlerischen Arbeit und letztlich auch für ihren Alltag. Sie erlernen, etwas Unfassbares fassbar zu machen, und darum geht es im Leben.

Exkurs:
Der Anspruch an professionelles künstlerisches Schaffen und der Segen des Scheiterns in der ästhetischen Bildung

Royston Maldoom ist ein englischer Choreograf und Tanzpädagoge. Er arbeitet seit vielen Jahren mit Kindern und Jugendlichen aus sozial benachteiligten Bevölkerungsschichten auf der ganzen Welt. Seine Kombination von pädagogischer Herangehensweise und künstlerischer Professionalität brachte ihm in Deutschland, befeuert durch den Dokumentarfilm „Rhythm Is It!", viel Aufmerksamkeit. Der Film zeigt, wie Maldoom mit 250 Kindern und Jugendlichen aus sogenannten „Problemschulen" und den Berliner Philharmonikern eine große Aufführung auf die Beine stellt. Dabei wird die Entwicklung der jungen Menschen, die aus den wachsenden Erfolgen Selbstbewusstsein ziehen, beleuchtet. Der Film zeigt aber auch das Chaos der Proben sowie die stetigen Interventionen der Lehrerschaft, die besorgt ist, dass ihre Schüler und Schülerinnen von Maldooms Anspruch überfordert werden. Maldooms künstlerische Überzeugungen und Erfolge hatten tiefen Einfluss auf die Entstehung der ['blu:boks] BERLIN. Der Film und sein autobiografisches Buch „Tanz um dein Leben" haben die Arbeit geprägt und entscheidende Faktoren haben sich in der kunstgerechten Durchführung der täglichen Arbeit niedergeschlagen.

Im Folgenden werden wegweisende Zitate am Beispiel der Tanzpädagogik wiedergegeben, die den gesamtkünstlerischen Anspruch der sozial-kulturellen Einrichtung widerspiegeln.

Maldoom schreibt dazu:

„Kunst erlaubt es uns, über stereotypische Bilder der Gemeinschaft und die Begrenzung des Selbst hinauszugehen. Tanz bietet enorme Möglichkeiten, sich selbst zu erforschen und darzustellen – aber dafür muss das Potential des Menschen freigesetzt, müssen die Kommunikationsfähigkeiten erweitert werden. Neues Material muss hinzukommen, sowohl als Konzept als auch ganz real, körperlich, und man muss mit aller Leidenschaft danach streben, etwas Einzigartiges auf die Bühne zu bringen."[10]

---

[10] Royston Maldoom, Tanz um dein Leben © S. Fischer Verlag, Frankfurt am Main 2010, S. 146. Abdruck mit freundlicher Genehmigung.

„Sicherlich erhöht Tanzen die Selbstachtung, unterstützt die körperliche und emotionale Entwicklung und vermittelt soziale Fähigkeiten. Schon allein der Auftritt vor einem wohlwollenden Publikum ist beglückend – vor allem für junge oder ausgegrenzte Menschen. (...) Inhaltslosigkeit, Ideenarmut und nicht genügend entwickelte Fähigkeiten können den Sinn des Theaters (aber) in Frage stellen, der eben auch daraus besteht, den Zuschauern eine gewisse Qualität zu zeigen. Doch obwohl keinerlei künstlerische Verdienste der Aufführung erkennbar sind, wird das Publikum am Ende lange Beifall klatschen, Bravo rufen und applaudierend aufstehen, was normale Zuschauer bei einer schlechten professionellen Aufführung niemals tun würden. Freunde und Familie verleugnen die mindere Qualität, akzeptieren und honorieren es stattdessen, weil sie das Projekt als therapeutische Übung ansehen. Wenn man sich dem Diktat politischer Korrektheit unterwirft, kann unangemessene Begeisterung und übertriebenes Lob das Ergebnis sein. Die Kunst wird zu gering geschätzt, wenn das Publikum es für ausreichend hält, dass die Kinder ihren Spaß haben.
Der Choreograph hat die Aufgabe, die Teilnehmenden auf eine Ebene zu bringen, auf der sie ihr ganzes Potential entfalten können, und die Auftretenden haben die Aufgabe, etwas in den Zuschauern zu bewegen. Das Publikum ist nicht nur dazu da, die Tänzer zu unterstützen. (...) Wenn die Darsteller nicht an den Punkt gelangen, wo sie ihr volles Potential ausschöpfen können, wird die Kunstform des Tanzes unterhöhlt.“[11]

An situativen Aufgabenstellungen auch zu scheitern und konstruktives Feedback zu bekommen, sind wichtige Erfahrungen in der ästhetischen Bildung für die Kinder und Jugendlichen. Sie werden in der ['blu:boks] BERLIN aufgefangen, ermutigt und erfahren, dass sie erlebte Grenzen akzeptieren dürfen und diese niemals ihren Wert als begabte Person schmälern. Die Teilnehmenden sind durch Begleitung der Künstler und Künstlerinnen und Lifecoaches in einem sicheren Umfeld, das ihnen immer wieder ihr Potential und den Glauben an ihre Person spiegelt und sie gezielt fördert weiterzukommen.

Maldoom erklärt:
„Im Unterricht, bei den Proben und Aufführungen – an jedem Tag, in jeder Stunde und jeder Minute – kämpfen wir und schuften uns ab, um eine sich ewig entziehende Perfektion zu erreichen. Wir wissen, dass das Versagen ein großer Lehrmeister ist, ein Geschenk, das uns viel weiter bringt als vorübergehender Erfolg. In einer Zeit der politisch korrekten Erziehung, in welcher dem ständigen Lob viel Wert beigemessen wird, ist es schwer für einen Lehrer, seinen Schüler das Versagen als Geschenk zu vermitteln. Man könnte jedoch argumentieren, Versagen ist deshalb ein fester Bestandteil von Unterricht und Proben, weil jeder Tänzer – ganz egal ob Laie oder Profi – stets auf ein höheres Niveau gebracht werden sollte.“ [12]

„Aus Angst, der Aufgabe nicht gewachsen zu sein, werden viele dieser jungen Leute, die sich schon als Versager betrachten, Störungen provozieren, aus dem Raum laufen oder damit drohen, das Ganze abzubrechen. Sie sind daran gewöhnt, für unfähig gehalten zu

---

[11] Ebd., S. 207-208. Abdruck mit freundlicher Genehmigung.

[12] Ebd., S. 59. Abdruck mit freundlicher Genehmigung.

werden; Rebellion gibt ihnen Sicherheit – eine Form des Selbstschutzes. (...) Wenn Kinder einen Übungsraum betreten, sei es eine Turnhalle oder ein Raum in einem Jugend- und Gemeindezentrum, tragen sie ein Bild vor sich her, das wirkliche Nähe zu anderen verhindert – ich habe diesem Bild den Namen ‚Adoptivkind' gegeben. Dieses erfundene Selbst verhindert Selbsterkenntnis und schützt vor Risiken und potentiellen Niederlagen. Das Kind hat sich hinter der Fassade versteckt, hat die Kontrolle, weil es Ablehnung erwartet. Das ‚Adoptivkind' ist eine Collage aus den Äußerungen von Erwachsenen und Gleichaltrigen und wird von einer allzu menschlichen Verwundbarkeit zusammengehalten. Das Kind sagt damit: ‚Du brauchst gar nichts zu sagen, ich weiß ja, dass ich nichts wert bin – ich bin ein Versager, mache nur Schwierigkeiten.' Indem sie das ‚Adoptivkind' vor ihr wahres Selbst schieben, haben diese Kinder ein Mittel, ihre Lehrer zu entmachten, und können sich auf kindliche Weise mächtig fühlen, selbst wenn sie keine wahre Macht haben. Ich arbeite nicht mit dem ‚Adoptivkind'. Ich arbeite nur mit der wirklichen Person – dem talentierten, kreativen Wesen, dem Menschen mit dem außergewöhnlichen Potential. Weil die Kinder das vom ersten Moment an spüren – selbst wenn ich sie anbrülle und ihr mangelndes Engagement, den mangelnden Respekt oder die mangelnde Aufmerksamkeit beklage –, erkennen sie, dass ich an sie glaube. Ich bin sicher, dass dieser Respekt vor den Fähigkeiten der jungen Menschen mich in die Lage versetzt, so viele Risiken einzugehen, die Teilnehmenden an ihre Grenzen zu bringen und mir gleichzeitig ihren Respekt und ihre Freundschaft zu verdienen. Diese unerschütterliche Überzeugung, dass jeder Einzelne ein großes Potential hat – und dabei meine ich wirklich jeden Einzelnen im Saal –, ist das entscheidende Element im choreographischen und pädagogischen Prozess. Wenn diese Überzeugung verloren geht oder nur zu wanken beginnt, wird die Beziehung zwischen Lehrer und Schüler schwierig, und man gibt auf, auf beiden Seiten geht Hoffnung verloren. (...) Was ist – neben bedingungsloser Ehrlichkeit – der Schlüssel zu guter Lehre und Führung? Der unerschütterliche Glaube an das außergewöhnliche Potential in jedem Menschen."[13]

[13] Ebd., S. 60-62. Abdruck mit freundlicher Genehmigung.

3.6 Denkanstöße

Egal wie groß oder klein Ihr Projekt ausfallen wird: Diese Fragen sollen für Sie eine wegweisende Hilfe für die Umsetzung Ihrer Planung sein. Nehmen Sie sich daher genug Zeit, Ihre Antworten aufzuschreiben und/oder mit Freunden und Freundinnen zu diskutieren.

- Auf welches Menschenbild soll Ihr Projekt / Ihre sozial-kulturelle Einrichtung gegründet sein?
- Wenn Sie eine neue Arbeit / ein neues Projekt starten möchten: In welchem Umfeld möchten Sie diese Arbeit gestalten? Kennen Sie die Erhebungen aus der Sozialraumanalyse sowie die Jugendhilfeplanung dieser Region bereits?
- Wenn Sie ein bereits bestehendes Projekt überarbeiten möchten, welche Punkte aus diesem Kapitel finden Sie besonders wichtig, neu zu überprüfen?
- Welche Netzwerkpartner Ihrer Region kommen für Sie infrage? Gibt es möglicherweise noch weitere Kooperationspartner, die Synergieeffekte erzeugen können?
- Können Sie nach Ihrer Festlegung auf das Leitziel sowie mit den Erkenntnissen aus Ihren ermittelten Daten der Kontextanalyse Ihr sozialpädagogisches Konzept bereits in Kernpunkte und Querschnittsziele aufteilen? Welche sind das?
- Welche Schlussfolgerungen ergeben sich für Ihre Arbeit / Ihr Projekt aus den Erkenntnissen dieses Kapitels?

3.7 Erlebnisbericht

Ben kam im Alter von 13 Jahren zum ersten Mal in die ['blu:boks] BERLIN. Er wurde vom Jugendamt auf die Jugendeinrichtung hingewiesen. Zu dieser Zeit besuchte er eine Integrationsschule für lernschwache Kinder. Er hatte starke Schwierigkeiten, sich klar zu artikulieren. Er fiel als ein äußerst zurückhaltender Junge auf, der nicht sehr überzeugt von sich und seinen Fähigkeiten war. Hin und wieder wurde er wegen Drogendelikten von der Schule suspendiert. Die einzige Freizeitbeschäftigung, der er außerhalb des Schulunterrichts nachging, waren Computerspiele, welche er sich illegal beschafft hatte, da sie nicht jugendfrei waren. Somit blieb Ben tagsüber meist zu Hause und zockte. Bens Eltern waren durch ihren Schichtdienst wenig daheim, sodass Ben seinen jüngeren Bruder praktisch erziehen musste. In der Einrichtung entdeckte Ben seine Leidenschaft für die Musik. Durch enge Begleitung im Tonstudioworkshop hat sich Ben auffallend schnell weiterentwickelt. Er hat inzwischen auf zwei Tonträger- und Theaterproduktionen als Rapper und Sänger mitgewirkt und bei mehreren musikalischen Auftritten vor Hunderten von Leuten gesungen. Die Förderung und Forderung in einer Atmosphäre der Wertschätzung haben bei Ben Spuren hinterlassen, die sein Leben bis heute positiv beeinflussen. Vor allem die sprachlichen Leistungen von Ben haben sich durch die musikalische Erziehung deutlich verbessert. Dieses Feedback wurde von seiner Schule und dem Jugendamt wiederholt bestätigt. Ben hat während seiner Zeit als Teilnehmer auch immer wieder handwerklich mitgearbeitet. Zusammen mit einem Mitarbeiter reparierte er Möbelstücke, die im Workshopalltag kaputtgingen. Jedes Mal, wenn sich Ben heute auf die Couch im Eingangsbereich setzt, berichtet er stolz, dass er diese selbstständig repariert hat. Ben absolvierte letztes Jahr sein Schulpraktikum in der ['blu:boks] BERLIN und hat über Kontakte von Mitarbeitenden eine Ausbildung gefunden, die ihn ausfüllt und glücklich macht. Ben möchte nach seiner Ausbildungszeit als ehrenamtlicher Mitarbeiter im Tonstudioworkshop mithelfen.

Von der METHODE zur PRAXIS

4. Wie arbeitet die ['blu:boks] BERLIN?

„Organisation ist das große Wort, dem die Zukunft gehört."
Christian Morgenstern, Schriftsteller

„Organisation sollte von ‚organisch' kommen."
Prof. Dr. Hermann Simon, Wirtschaftsprofessor, Buchautor & Kolumnist im manager magazin

„Improvisation: etwas, das nur funktioniert, wenn es seriös vorbereitet ist."
Markus M. Ronner, Schweizer Theologe und Autor

Die ['blu:boks] BERLIN ist ein Projekt, das im Laufe der Jahre immer mehr gewachsen ist, immer mehr dazugelernt hat und von daher auch komplexere Strukturen in der Leitung und auf Mitarbeiterebene entwickelt hat. Möchte man mit einem Projekt, einer Arbeit mit Kindern und Jugendlichen, starten, so kann es hilfreich sein, sich die Strukturen der ['blu:boks] BERLIN als Beispiel genauer anzusehen.

4.1 Leitungsstruktur

Die ['blu:boks] BERLIN arbeitet aktuell mit sechs Festangestellten. Diese hauptamtlichen Mitarbeitenden bilden das Koordinationsteam der ['blu:boks] BERLIN. Jeder/jede hauptamtlich Mitarbeitende trägt die Verantwortlichkeit für einen Arbeitsbereich und ist Ansprechpartner/Ansprechpartnerin für Fragen und Organisation. Die Gesamtleitung der ['blu:boks] BERLIN wird momentan von zwei Personen getragen, die die strategische Ausrichtung und Konzeption der Arbeit verantworten. Ihre zusätzlichen Hauptaufgaben sind in den Arbeitsbereich Fundraising und PR sowie Administration und Mitarbeitermanagement aufgeteilt. Hinzu kommen derzeit sieben Honorarkräfte und zwanzig ehrenamtlich Mitarbeitende in den verschiedenen Arbeitsbereichen.

Die Leitungsstruktur wird anhand des ['blu:boks] BERLIN-Organigramms dargestellt:

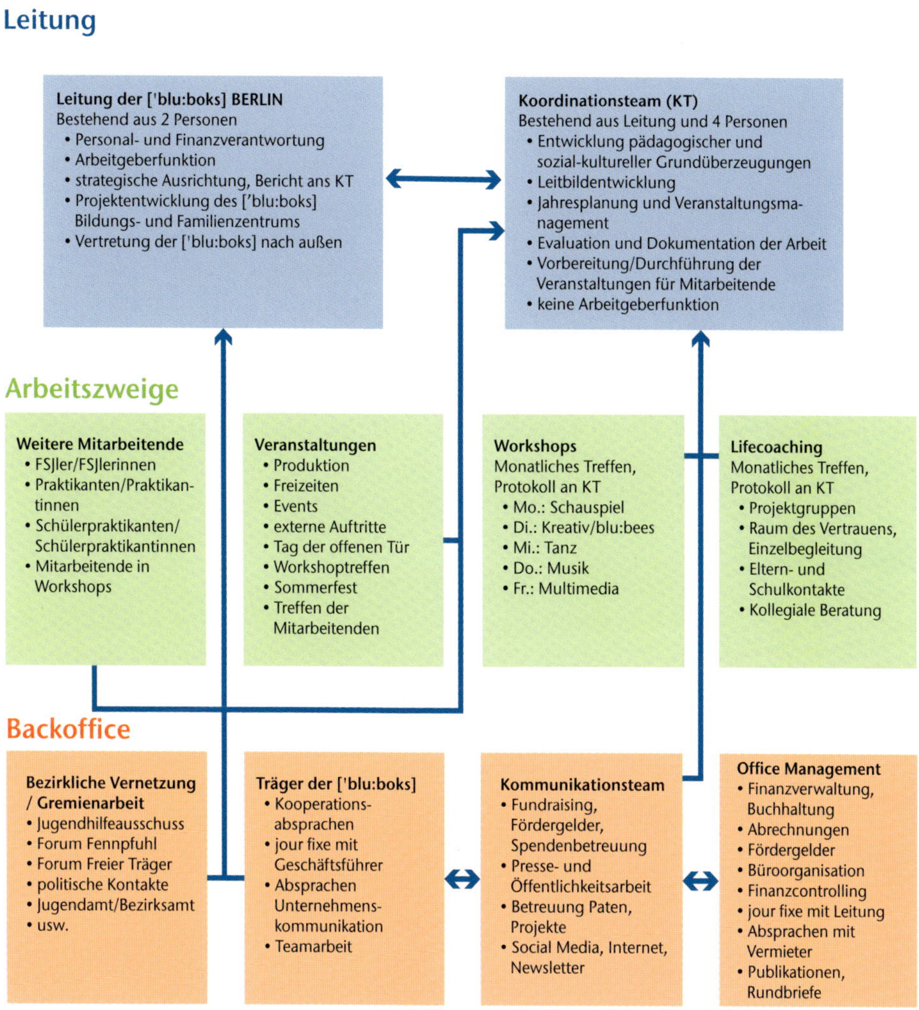

Organigramm der ['blu:boks] BERLIN

Das Koordinationsteam trifft sich wöchentlich und hat folgende Aufgaben:

- Koordination der Termine, Veranstaltungen und Produkte
- Kommunikation, Vernetzung und Informationsfluss zwischen den jeweiligen Bereichen
- Absprachen zu Arbeitsschwerpunkten der Zukunft
- Prozesssteuerung der inhaltlichen, kulturellen und pädagogischen Ausrichtung
- Fragen der Mitarbeitenden klären
- Weitergabe der Ergebnisse an den jeweiligen Arbeitsbereich
- Budgetierung der einzelnen Bereiche
- Anforderungsprofile der Mitarbeitenden in den einzelnen Bereichen erstellen
- Berichte und Dokumentationen der einzelnen Bereiche anfertigen

Jedes Treffen wird protokolliert, um spätere Missverständnisse und Fehlinformationen möglichst gering zu halten. Dabei wird auch die Aufgabenverteilung der kommenden Tage festgehalten, die jeweilige Vernetzung der verschiedenen Arbeitsbereiche wird abgesprochen und die zukünftigen Termine und Vorhaben notiert.

Eine solche Aufteilung in Leitungsebenen und Zugehörigkeitsbereiche sowie die klare Kommunikation nach außen ist von enormer Wichtigkeit, um Fehlerquellen im Arbeitsalltag zu minimieren und zugleich Vertrauen in der Mitarbeiterschaft zu fördern. Die Erhöhung der Zahl der Mitarbeitenden der ['blu:boks] BERLIN führte zu einem Anstieg der Strukturen, um einen reibungslosen und produktiven Arbeitsrhythmus zu gewährleisten. Gerade für eine sozial-kulturelle Kinder- und Jugendeinrichtung, die auf hohes ehrenamtliches Engagement und starke Partizipation ihrer Mitarbeitenden in der Weiterentwicklung der Arbeit setzt, ist es unerlässlich, Strukturen und Gefüge zu schaffen. Um dabei nicht an der Mitarbeiterschaft und der tatsächlichen Arbeitswirklichkeit „vorbei zu planen“, wurden Kommunikationsmodule geschaffen, die nun näher erläutert werden.

Beirat

Zum Beirat gehören sechs Personen, die sich dreimal jährlich treffen, um die Leitung gezielt in der strategischen und inhaltlichen Ausrichtung der Organisation zu beraten. Der Beirat ist divers aufgestellt, bestehend aus weiblichen und männlichen Mitarbeitenden, die ehrenamtlich sowie auf Honorarbasis in der ['blu:boks] BERLIN arbeiten. Sie können jeweils eine umfassende und neutrale Einschätzung zum Stimmungsbild in der Mitarbeiterschaft spiegeln. Konkrete Aufgaben des Beirates sind:

- Profil und Zielgedanken der Arbeit besprechen, hinterfragen, ausbauen
- Stimmungsbilder und Anforderungen an die Mitarbeiterschaft diskutieren
- Fortbildungen für die Mitarbeitenden vorbereiten
- Ideen für Weiterbildungsangebote der Mitarbeitenden geben
- die Leitung in strategischen und inhaltlichen Belangen beraten
- aktuelle Lage, Erfolge und Problemfelder benennen, einschätzen und auswerten

Erweitertes Koordinationsteam

Das erweiterte Koordinationsteam trifft sich halbjährlich, um eine Evaluation der Arbeit zu machen und die zeitlich zurückliegende Arbeitsweise zu bewerten. Es besteht aus dem Koordinationsteam, zwei Personen aus der Mitarbeiterschaft (dort gewählt als Vertretung der Mitarbeitenden) und zwei Personen aus dem Kreis der Kinder und Jugendlichen (dort gewählt als Vertretung der Kinder). Konkrete Aufgaben des erweiterten Koordinationsteams sind:

- Evaluation der Arbeit
- Meinungsbild zur strategischen Ausrichtung
- Terminabsprachen
- Qualitätsmanagement

Durch diese Struktur soll gewährleistet werden, dass die inhaltliche Arbeit bestmöglich und umfassend – sowohl gegenwärtig als auch zukünftig – geschieht und durch die Überprüfung der vergangenen Arbeit eine Qualitätssicherung vorliegt.

Leitungstruktur

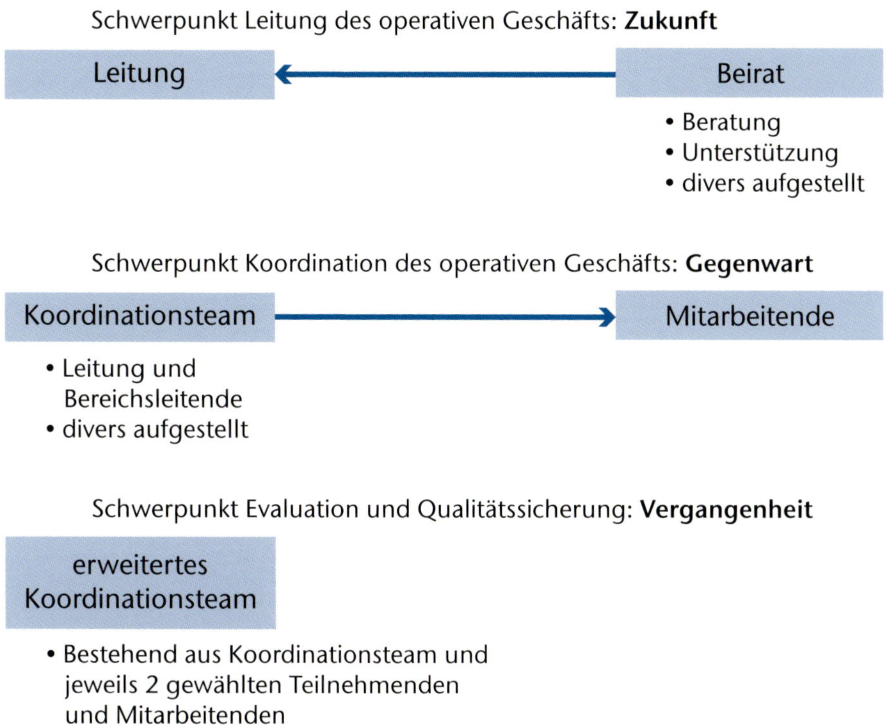

Leitungsstruktur

4.2 Mitarbeiterstruktur

Aktuell gehören zum Team zwanzig Ehrenamtliche, bei besonderen Projekten, Freizeiten und Aufführungen kommen bis zu dreißig ehrenamtlich Engagierte zum Einsatz.
Regelmäßige Feedbackgespräche dienen der Reflexion und Weiterentwicklung. Die Leitenden der Workshops treffen sich viermal pro Jahr zu Leitungstreffen, um das aktuelle Geschehen und die zukünftigen Aufgaben zu besprechen. Alle Lifecoaches tauschen sich regelmäßig aus, um die persönlichen Interessen und Probleme der Teilnehmenden zu erörtern und Handlungsabläufe zu benennen.
Hinsichtlich der Qualifizierungsmöglichkeiten für Mitarbeitende gibt es das Angebot von Fortbildungen, Supervision und eventuell Mediation sowie Freistellungen für individuelle Fortbildungen. Gutes Qualitätsmanagement bestätigt die qualitativ hochwertige Arbeit und ist ein Gütesiegel. Qualitätsentwicklung und -sicherung gehören zu den zentralen Aufgaben einer gut funktionierenden sozial-kulturellen Kinder- und Jugendeinrichtung. Zwischen dem Träger und der Leitung sowie zwischen der Leitung und dem Team findet deshalb eine regelmäßige Leistungs- bzw. Zielvereinbarung statt. Teamsitzungen, pädagogischer Austausch und regelmäßige Reflexion sind wichtige Bestandteile einer sozial-kulturellen Arbeit.
Damit sich die pädagogische Arbeit kontinuierlich verbessert, werden die Tätigkeiten intern und zusätzlich durch externe Experten und Expertinnen evaluiert. Dazu gehören unter anderem die regelmäßige Überarbeitung der Konzeption, das Erstellen eines Qualitätshandbuches sowie der ständige Austausch mit anderen Einrichtungen und Kooperationspartnern.

Die Arbeit aller Mitarbeitenden der ['blu:boks] BERLIN gliedert sich in Kreativ- und Lifecoaching.

Kreativcoaching

Die Mitarbeitenden, die als Kreativcoach arbeiten, haben zusätzlich zu ihrer ästhetisch-künstlerischen Bildung ein hohes Maß an persönlichem Engagement, das oft über die Dauer des Workshopunterrichts hinausgeht. Nicht jeder Kreativcoach muss fachlich in seinem Kreativbereich ausgebildet sein. Zwar sind die Leitenden der jeweiligen ästhetischen Angebote (Musik, Tanz, Schauspiel, Tonstudio usw.) in ihrem Fach ausgebildet, aber auch eine autodidaktische Weiterbildung der Mitarbeitenden wird gleichwertig angesehen. Was zählt, ist das persönliche Engagement und die Begabung des Einzelnen, nicht der berufliche Abschluss allein. Natürlich ist es sehr hilfreich, für die Anleitung im Workshop auf gelerntes Handwerk zurückzugreifen. Dieses dann aber auch kindgerecht und liebevoll weitergeben zu können, ist von enormer Wichtigkeit.

Aufgabe eines/einer Kreativcoaching-Leitenden

- Konzeption, Durchführung und Verantwortung des Workshops
- Controlling der eigenen Arbeit: Fortschritte, Stagnation oder auch Schwierigkeiten sowie inhaltlichen Austausch melden (wird gezielt besprochen beim Treffen der Workshopleitenden und mit den verantwortlich Leitenden der ['blu:boks] BERLIN)

- die Vorbesprechung vor den Workshops mit den Mitarbeitenden leiten: Abläufe klären, Bedarfsliste/Technik vorbereiten, Zuständigkeiten klären
- „Dienstplan" des Workshops führen (Anwesenheit des Teams rechtzeitig erfragen, gegebenenfalls für Ersatz sorgen bzw. eigenes Fehlen rechtzeitig bekanntgeben)
- Feedbackrunde im Anschluss an den Workshop leiten
- regelmäßige schriftliche Evaluation des Workshops
- Informationen aus den Treffen der Workshopleitenden an die Mitarbeitenden weitergeben
- Mitarbeitende fördern und wertschätzen
- langfristige Absprachen der Workshopinhalte mit dem zuständigen Lifecoach
- Teilnahme an Mitarbeiterkreisen, Mitarbeitertagen und Treffen der Workshopleitenden

Beispiel einer Ausschreibung für Kreativcoaching-Leitende

Tänzer/Tänzerin gesucht

Zur Erweiterung unseres Teams suchen wir engagierte, motivierte und kreative Mitarbeiter und Mitarbeiterinnen, die Erfahrung und Spaß in der Arbeit mit Kindern und Jugendlichen haben.

Die ['blu:boks] BERLIN ist ein sozial-kulturelles Projekt in Berlin-Lichtenberg. Wir suchen, finden und fördern die künstlerischen Begabungen von Kindern und Jugendlichen mit dem Ziel, ihr Selbstwertgefühl zu entwickeln und zu stärken, damit sie auf dieser Grundlage eine hoffnungsvolle Lebensperspektive entwickeln können.
Im Dezember 2013 wird die ['blu:boks] BERLIN mit allen Teilnehmenden (65 Kinder und Jugendliche) ein Theaterstück mit Musik, Tanz, Gesang und Multimedia im Tempodrom aufführen.
Für diese Produktion suchen wir einen Tänzer / eine Tänzerin, der/die bereits choreografierte Tänze mit den Teilnehmenden probt.
Du solltest fachliche Grundlagen in Streetdance und Hip Hop beherrschen und wissen, wie ein gutes Tanztraining aufgebaut ist und selbstständig durchführen können.

Probenzeit: Montagnachmittags plus zusätzliche Extraproben (insgesamt 50 Stunden)
Wir bieten: Ein motiviertes Team, Unterstützung durch weitere Mitarbeitende im Tanztraining, eine Anstellung auf Honorarbasis.

Kreativcoaching-Mitarbeitende, die den Workshop nicht leiten, werden ebenso nach ihren individuellen Fähigkeiten und Bedürfnissen ausgesucht. Sie sind Unterstützer/Unterstützerinnen des/der Leitenden und können ihre kreativen Talente und Gaben einbringen und den Workshop mitgestalten. Sie verstehen sich als Ergänzung und sind stark involviert in die Auswahl der Workshopinhalte und die Durchführung der Arbeit. Jeder/jede Kreativcoaching-Mitarbeitende ist ehrenamtlich engagiert.

Aufgabe eines/einer Kreativcoaching-Mitarbeitenden

- Unterstützende Mitarbeit im Workshop
- Teilnahme an den Vorbesprechungen vor den Workshops: Abläufe klären, Bedarfsliste/Technik vorbereiten, Zuständigkeiten klären
- „Dienstplan“ des Workshops lesen (Anwesenheit bzw. eigenes Fehlen rechtzeitig bekanntgeben)
- Teilnahme beim Feedback im Anschluss an den Workshop
- Mitarbeitende fördern und wertschätzen
- langfristige Absprachen der Workshopinhalte mit dem/der Workshopleitenden
- Teilnahme an Mitarbeiterkreisen und Mitarbeitertagen

Beispiel einer Ausschreibung für Kreativcoaching-Mitarbeitende

Kreative Mitarbeitende gesucht

Zur Erweiterung unseres Teams suchen wir engagierte, motivierte und kreative Mitarbeiter und Mitarbeiterinnen, die Erfahrung und Spaß in der Arbeit mit Kindern und Jugendlichen haben.

Die ['blu:boks] BERLIN ist ein sozial-kulturelles Projekt in Berlin-Lichtenberg. Wir suchen, finden und fördern die künstlerischen Begabungen von Kindern und Jugendlichen ab 8 Jahren mit dem Ziel, ihr Selbstwertgefühl zu entwickeln und zu stärken, damit sie auf dieser Grundlage eine hoffnungsvolle Lebensperspektive entwickeln können.
Aktuell suchen wir zur Unterstützung in den Proben engagierte Helfer und Helferinnen, die ehrenamtlich mitarbeiten.
Du solltest leidenschaftlich gern mit Kindern und Jugendlichen arbeiten und Spaß daran haben, im Team zu arbeiten. Erfahrungen in der ästhetischen Bildung sind hilfreich, aber keine Voraussetzung.

Probenzeit: einmal in der Woche am Nachmittag und ausgewählte zusätzliche Proben an Wochenenden und in den Ferien.
Wir bieten: Ein motiviertes Team, Erfahrung in der Arbeit mit Kindern und Jugendlichen, ganz viel Spaß.

Lifecoaching

Als Ergänzung zum Kreativcoaching gibt es in der ['blu:boks] BERLIN den Bereich „Lifecoaching“, ausgeführt von pädagogisch geschulten Mitarbeitenden. Lifecoaches behalten alles im Blick, das nicht die inhaltlich-ästhetische Arbeit beinhaltet. Sie sind eng mit der Lebenswelt der Teilnehmenden vertraut. Sie kennen ihre Hintergründe, das heißt ihre persönliche, familiäre und schulische Situation sowie ihre Stärken und Schwächen. Sie handeln insgesamt als klassischer Coach, indem sie betreuen, trainieren und die Entwicklung begleiten, sind aber vornehmlich Ratgeber/Ratgeberin und Tröster/Trösterin in der ['blu:boks] BERLIN.

Aufgaben der Lifecoaches im Workshop

- Sie achten darauf, dass die Proben und Workshops pädagogisch ausgewogen sind.
- Sie übernehmen in ihrem jeweiligen Workshop die Anfangs- und Abschlussrunde.
- Sie haben die Stimmung der Gruppe und die Dynamik des Workshops im Blick.
- Sie sprechen mit dem/der Kreativcoaching-Leiter/-Leiterin und den Mitarbeitenden die Didaktik und Methodik ab.
- Sie übernehmen Einzelbetreuung von Teilnehmenden.
- Sie machen in den internen Feedbacks Intervision, das heißt sie reflektieren das Verhalten der Mitarbeitenden gegenüber den Teilnehmenden und geben Anregungen.
- Sie achten darauf, dass die Probenzeit, die Pausen und die Spielzeit ausgewogen und angemessen sind.
- Sie führen langfristige Absprachen bezüglich der Inhalte mit dem/der Kreativcoaching-Leiter/-Leiterin durch.
- Sie „erspüren“ Spannungen und Konflikte der Teilnehmenden und der Gruppendynamik und werden gegebenenfalls intervenieren, um den Leiter / die Leiterin zu entlasten und den Rücken für die künstlerisch-ästhetische Arbeit freizuhalten.
- Sie ermutigen die Teilnehmenden, selbst aktiv zu werden.

Die Aufgaben der Lifecoaches außerhalb des Workshops umfassen hauptsächlich die Lösung von Kommunikationsschwierigkeiten und den Umgang mit Konflikten. Der Lifecoach versucht im Gespräch mit den Teilnehmenden konkrete Gefühle und Bedürfnisse zu erkennen und zu benennen (z. B. „Ich bin so wütend, weil ...“, „Ich fühle mich überfordert, weil ...“, „Ich wünsche mir ...!“).
Die ['blu:boks] BERLIN sieht sich dabei auch als Erprobungs- und Erlebnisfeld für die Kinder und Jugendlichen, die diese Art der Kommunikationsmethodik und des Konfliktmanagements noch nie erfahren haben und oftmals nicht aus ihrem familiären Alltag kennen.
Wichtige Informationen und Hintergründe zu Teilnehmenden werden in internen Treffen der Lifecoaches thematisiert und vorher an den Leiter / die Leiterin der Lifecoaches weitergegeben. Kindeswohlgefährdungen werden umgehend dem Leiter / der Leiterin der Lifecoaches gemeldet, der/die daraufhin prüft, welche Maßnahmen zu ergreifen sind.

Weitere Aufgaben der Lifecoaches außerhalb des Workshops

- Sie unterstützen die Teilnehmenden aktiv bei der Problembewältigung in ihrer konkreten Umwelt (z. B. Familie, Schule, Freundeskreis, digitale Mobbing-Erlebnisse). Die Teilnehmenden erlernen, welche Handlungsmöglichkeiten es gibt, und besprechen sich regelmäßig mit den Lifecoaches.
- Sie beraten die älteren Teilnehmenden bei der Entwicklung von Zielen und unterstützen sie bei der Umsetzung (z. B. „Was will ich erreichen?“, „Was muss ich tun, um dahin zu kommen?“, „Welchen konkreten Schritt kann ich tun, um ...“).

Vornehmlich sollen die Kinder und Jugendlichen in die Lage versetzt werden, sich selbst zu organisieren. Die Basis der Arbeit ist eine Orientierung an Ressourcen. Die Stärken der Teilnehmenden werden herausgearbeitet und darauf aufgebaut bzw. davon ausgehend agiert.

Zusatzangebote der Lifecoaches

Der Vertrauensraum

In regelmäßigen Abständen wird ein Vertrauensraum, ein konzipierter Ort für vertrauliche Gespräche, in der ['blu:boks] BERLIN angeboten. Der Raum ist ruhig und gemütlich gestaltet und wird zudem als Raum für Entspannung und Konzentration auf sich selbst genutzt. Die Teilnehmenden können von Situationen, Alltagsschwierigkeiten, Schulsorgen, Problemen mit Eltern / Freunden / Beziehungen usw. erzählen. Die Lifecoaches hören zu, trösten und geben gegebenenfalls Ratschläge. Auch wird der Raum dafür genutzt, dass Teilnehmende untereinander vertrauliche Gespräche führen können. Es werden verschiedene Stationen eingerichtet, an denen die Teilnehmenden aufschreiben oder sich künstlerisch ausdrücken können, in welcher Gefühlslage sie sich befinden. Weiterhin werden Stationen angeboten, an denen wertschätzende Zeilen und Briefe an andere Teilnehmende oder Mitarbeitende geschrieben werden können. Zudem gibt es eine Kiste, die sogenannte „Vertrauens-Boks", in der Briefe (nach Bedarf anonym geschrieben) nur von Lifecoaches im Anschluss gelesen und vertraulich behandelt werden. In Abständen werden besondere Themenstationen aufgebaut, an denen verschiedene Inhalte wie zum Beispiel Freundschaft, Streit, Versöhnung usw. behandelt werden. Grundsätzlich gilt für alle Teilnehmenden und Mitarbeitenden die klar kommunizierte Regel: „Was im Vertrauensraum besprochen wird, bleibt im Vertrauensraum!" Das fördert eine ehrliche und vertrauensvolle Begleitung als Ausgangspunkt und Miteinander.

Die pädagogische Schulung der Mitarbeitenden

Für die interne Nachbesprechung der Mitarbeitenden werden Situationen aus den Workshops besprochen und das Verhalten der Mitarbeitenden reflektiert. Dafür werden auch Fallbeispiele benutzt. Die Lifecoaches machen Intervision mit ihrem Team, das heißt sie reflektieren nicht nur das Verhalten der Mitarbeitenden, sondern geben auch Anregungen. Das Lifecoachteam hat regelmäßig eine Supervision. Die dort besprochenen Inhalte werden – natürlich unter strikter Berücksichtigung von Datenschutz – ins große Team weitergegeben. Im Mitarbeiterkreis werden jährlich pädagogische Schulungen zu relevanten pädagogischen Themen für die ['blu:boks] BERLIN angeboten. Zudem wird zweimal im Jahr in einem Einzelgespräch jedem Mitarbeitenden Feedback gegeben.

Die blu:bees-Arbeit

Die blu:bees-Arbeit ist ein Angebot für Kinder von 5 bis 7 Jahren. Hier wird schon als Frühentwicklung Gemeinschaft und positiv gelebte Beziehung erfahrbar gemacht. Es gibt ein Bewegungs- und Spielangebot, außerdem wird gebastelt, gesungen, zusammen gekocht und gemeinsam gegessen. Das Angebot ist sehr vielfältig. Schwerpunkt wird dabei aber immer auf das aktuelle Bedürfnis der Teilnehmenden gelegt. Die Beziehung zu den Teilnehmenden und untereinander steht dabei immer im Mittelpunkt. Die Kinder lernen mit Konflikten umzugehen und soziale Kompetenzen werden ausgebaut. Es wird ein harmonischer Ort angestrebt, an dem jeder Einzelne gesehen und wertgeschätzt wird und der ein Ausgleich zur oft mit Stress beladenen Schule, dem Hort und der Kita ist.

4.3 Workshopstruktur

Übersicht

Die Angebote der ersten Jahre lassen sich in zwei Säulen einordnen. Zu Beginn zielte das Angebot der Workshops im Projekt „Zeig was Du kannst“ vor allem auf den Aufbau von Selbstwertgefühl durch ästhetisch-künstlerische Selbsterfahrung. Höhepunkt von „Zeig was Du kannst“ bildeten die Bühnenproduktionen „Zeig was du kannst!“ (2011) und „Das Blaue Wunder“ (2013), bei welcher jeder/jede Teilnehmende seine/ihre individuellen Talente auf einer Berliner Theaterbühne vor einem großen Publikum unter Beweis stellen konnte. Die zweite Säule der Arbeit, das Projekt „EDUarte“, war die logische und harmonische Weiterführung der ersten Säule. Sie zielte auf die besondere Vermittlung sozialer Kompetenzen bei Jugendlichen während des Übergangs von der Schul- in die Arbeitswelt ab. Vorherrschende Defizite bei den sozialen, emotionalen und kommunikativen Kompetenzen wurden bei „EDUarte“ behoben, die Selbstdarstellungsfähigkeit gestärkt und die Begabungen von Jugendlichen an die Erfordernisse der zukünftigen Lebens- und Arbeitswelt spezieller herausgearbeitet. So erlernten die Teilnehmenden beispielsweise in der zusammengelegten Projektgruppe Schauspiel/Tanz bedarfsorientierte Schauspielübungen sowie Tanzbewegungen, die über die Entwicklung von motorischen und physischen Fähigkeiten hinaus die Entfaltung kreativer Fertigkeiten für den Übergang in die Arbeitswelt betreffen. Ausdauer, Teamfähigkeit, Kritikfähigkeit, Präsentations- und Sprachkompetenz wurden besonders entwickelt und gestärkt.

Angebote

Die ['blu:boks] BERLIN hat seit der Entstehung ihre Angebote stets dynamisch verändert und an die jeweiligen Gegebenheiten angepasst. So wurden zu Beginn drei Workshops (damals Musik, Tanz und Schauspiel) parallel an einem Tag angeboten. Der große Vorteil dabei war gerade in der Anfangsphase, das Gemeinschaftsgefühl zu stärken und die Organisation zu erleichtern. Nach kurzer Zeit wurde aufgrund hoher Nachfrage von Seiten der Teilnehmenden ein zusätzlicher Workshop an einem weiteren Wochentag angeboten. Somit bestand einerseits die Möglichkeit, bei mehreren Angeboten mitzumachen, anderseits wurde auf die Anfrage nach speziell handwerklich-kreativem Programm eingegangen. Hinzu kam ein Chorworkshop außerhalb der Räumlichkeiten, um ein musisches Angebot an einer Grundschule anzubieten, die ihren Musikunterricht aufgrund finanzieller Engpässe gestrichen hatte. Nachdem die ['blu:boks] BERLIN in ein anderes Gebäude umzog, wurden die Angebote erneut erweitert und verfeinert (Aufteilung der Workshops nach Alter, Aufteilung auf alle Wochentage, Tonstudio-Spezialisierung und Angebot für Eltern).

Auch die nun folgenden aktuellen Angebote der ['blu:boks] BERLIN werden sich im Laufe der nächsten Jahre sicherlich verändern und situativ anpassen. Es empfiehlt sich für jede sozial-kulturelle Jugendeinrichtung, flexibel in ihrer Struktur und Vielfalt der Angebote zu bleiben und sich an die jeweiligen Gegebenheiten erfinderisch anzupassen.

Montag
15.30 bis 17.00 Uhr: Musikworkshop, ab 8 Jahren
17.30 bis 19.30 Uhr: Musikworkshop, ab 13 Jahren

Hier lernst du das Singen und das Performen aktueller Songs und du kannst Instrumente ausprobieren (Klavier, Gitarre, Bass, Schlagzeug und Trommeln). Außerdem wird deine Stimme ausgebildet und du kannst eigene Lieder schreiben und dann im eigenen ['blu:boks] Tonstudio unter professioneller Anleitung aufnehmen! Der Gewinn für dich: eine deutliche Aussprache und das Erreichen von Zielen. Durch die Musik kannst du den stressigen Schulalltag hinter dir lassen und verarbeiten!

Dienstag
15.30 bis 17.00 Uhr: blu:bees, ab 5 Jahren

Die blu:bees sind eine Gruppe für 5 bis 7-jährige Jungen und Mädchen. Hier wird gemalt, gebastelt, gesungen, gekocht, getobt, entspannt und vor allem ganz viel gespielt. Wichtig sind uns Gemeinschaft und viel Spaß – herzliche Einladung!

17.30 bis 19.30 Uhr: Kreativworkshop, ab 13 Jahren

Hier stehen dir Nähmaschinen, Stoffe, Nähmaterial und kunterbuntes Zeichen- und Malmaterial zur freien Verfügung. Du kannst all deine Kreativität zum Einsatz bringen, sei es beim Zeichnen, Designen, beim Nähen deiner eigenen Modelinie oder beim Basteln mit verschiedenstem Material. Wir gestalten und lernen in entspannter Atmosphäre einfache und auch kompliziertere Techniken des Modedesigns.

Mittwoch
15.30 bis 17.00 Uhr: Tanzworkshop, ab 8 Jahren
17.30 bis 19.30 Uhr: Tanzworkshop, ab 13 Jahren

Hier werden die unterschiedlichsten Tanzstile ausprobiert, neue Moves gelernt und Choreografien einstudiert, ob Hip-Hop, Breakdance, Jumpstyle und House: Hier wird gerockt! Der Gewinn für dich: Du bekommst ein gutes Körpergefühl, Selbstbewusstsein und wirst nebenher richtig fit! Im Team wird gemeinsam an einem Ziel gearbeitet! Wenn du Lust auf Bewegung und Musik hast, komm vorbei.

Donnerstag
15.30 bis 17.00 Uhr: Schauspielworkshop, ab 8 Jahren
17.30 bis 19.30 Uhr: Schauspielworkshop, ab 13 Jahren

Hier kann man in unterschiedliche Rollen schlüpfen und ausprobieren, auf der Bühne zu stehen. Durch Spiele und Übungen werden Stimme und Körper trainiert und schauspielerisches Handwerkszeug erlernt. Der Gewinn für dich: Du lernst dadurch auch Dinge, die du im Alltag gebrauchen kannst: zum Beispiel ein Referat vor der Klasse halten oder sich selbstbewusst präsentieren. Schauspiel ist vor allem Teamwork. Neben der professionellen Arbeit kommen Spaß und Spiel aber nicht zu kurz.

Freitag
15.30 bis 17.00 Uhr: Multimediaworkshop, 8 bis 18 Jahre

Hier geht es um Fotografie, Film, Schnitt und Bildbearbeitung. Man braucht keine Vorkenntnisse, nur Spaß und Interesse an Technik und Medien. Es werden kleine Filme gedreht, Drehbücher geschrieben, der Umgang mit der Film- und Fotokamera erlernt. Gemeinsam wird medial erkundet, welche Möglichkeiten zum Beispiel das Internet bietet, deine eigenen Projekte und Ideen zu präsentieren. Der Gewinn für dich: Hier lernst du den professionellen Umgang mit Medien, der dir in der Schule und vor allem in Ausbildung und Beruf helfen wird.

17.30 bis 19.30 Uhr: Tonstudioworkshop, ab 13 Jahren

Hier lernst du Grundlagen des Tonstudios und der Musikproduktion. Die Ziele werden je nach Gruppe festgelegt und zusammen gestaltet. Wir arbeiten in einer kleinen Gruppe, in der jede/jeder gesehen und einbezogen wird. Komm vorbei und bring dich ein!

Ablauf

Jeder Workshop, unabhängig von der inhaltlichen Ausrichtung, folgt jeweils einem konkret vorgegebenen Schema. Für die ['blu:boks] BERLIN hat sich dieser Ablauf als sehr hilfreich und zielführend in der Arbeit mit den Kindern und Jugendlichen erwiesen. Egal in welchem Workshop die Teilnehmenden mitmachen, die Struktur bleibt für sie die gleiche. Das schafft Transparenz und einen sicheren Rahmen für die Arbeit.

Anfangsrunde

- Teilnehmende kommen an und erzählen („Wie war dein Tag?" „Wie geht es dir?")
- Teilnehmende toben sich aus
- neue Kinder und Jugendliche werden begrüßt und integriert

Input

- maximal 5 Minuten
- „Aufrichten statt unterrichten!"
- der Input soll für Mitarbeitende und Teilnehmende stressfrei erlebt werden
- persönliches Wort der Ermutigung und Motivation statt schulische Einschätzung oder Bewertung (z. B. ein Bild, ein Lied, ein Gedanke, eine Begebenheit usw.)

Workshopzeit

- künstlerische Arbeit steht im Mittelpunkt
- Begeisterung soll entfacht werden
- Teilnehmende sollen sich mit eigenen Ideen einbringen

Feedback

- Teilnehmende dürfen sich frei äußern (Wie war es bezüglich: Begeisterung, Beteiligung, Motivation, neu Erlerntem?)

Abschlussrunde

- Teilnehmende verabschieden und gute Wünsche mitgeben
- Hinweise auf nächste Termine geben
- gemeinsamer Schlachtruf

Je nach Bedarf werden kleinere und eine große Pause zwischen den Probeneinheiten eingeplant, in der bei Snacks und Erfrischungsgetränken Austausch stattfinden kann.

Workshopstruktur

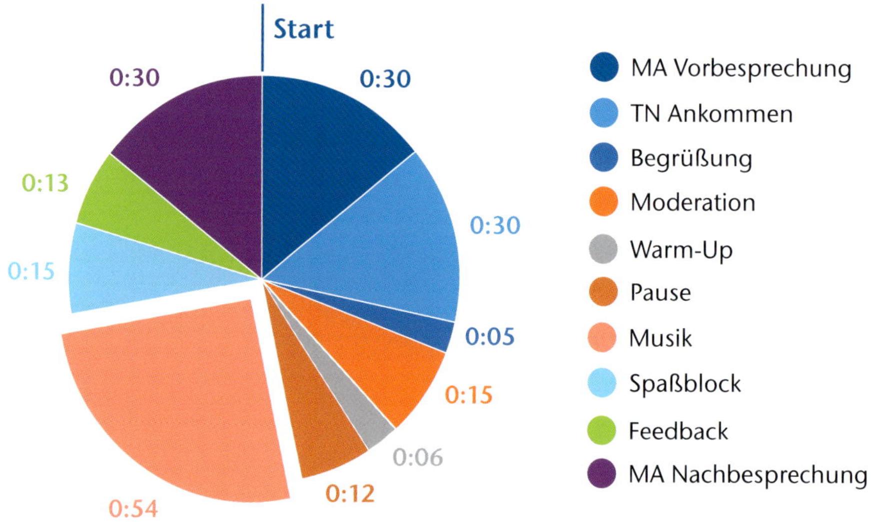

Beispiel Zeitstruktur Musikworkshop 2015

Ablaufplan Musikworkshop

Datum: 6.7.2015 – KW 28

Nach dem Workshop räumen wir gemeinsam auf und treffen uns zu einem Feedback.

Mitarbeitende (MA): Linda, Dennis, Jörn, Christoph – Besucher: Murat

Uhrzeit	Minuten	Teil	Bemerkung	Bemerkung
16.15-16.45	30	MA-Vorbesprechung		Alle
16.45-17.15	30	Einstimmung	Kids können schon reinkommen und chillen. Mitarbeitende sind auch mit dabei, Zeit für Gespräche, Kartenspiel / Spiel für die Kleineren und alle, die wollen (und auch Coaching für Moderator/Moderatorin soll während dieser Zeit stattfinden)	
17.15-17.20	5	Begrüßung/Infos	Willkommen	Christoph
17.20-17.35	15	Moderationsrunde	Sofas bleiben im Foyer – TN sitzen auf dem Boden	Christoph, Dennis
17.35-17.41	6	Warm-Up	Spielerisch / Bewegung / Stimme	Christoph
17.41-17.43	2	Kurze Trink- und Toilettenpause	Das ist nicht die Hauptpause!	Alle
17.43-18.07	24	Musikblock (a) Wie schön du bist – Sarah Connor	Textverständnis Melodiestabilität	Dennis, Jörn (Begleitung)
18.07-18.17	10	Hauptpause!	ZUSAMMEN die Pause machen	Alle
18.17-18.32	15	Spaßblock	Spiele / ausrasten / gemeinsam Spaß haben	Linda
18.32-19.02	30	Input- und Musikblock (b) All of Me – John Legend	Textinhalt Neu mit Instrumenten lernen	Dennis, Linda, Jörn
19.02-19.15	13	Feedback/ Gemeinschaft	Feedback/Abschlussrunde	Dennis, Christoph
19.15-19.45	30	Nachbereitung (MA-Feedback, Aufräumen)		Alle

Beispiel Ablaufplan Musikworkshop 2015

Evaluation

Nach jedem Workshop werten die Teilnehmenden diesen in der großen Runde aus. Dabei gibt es verschiedene Möglichkeiten der Evaluation. Entweder äußern sich die Teilnehmenden verbal oder sie können anhand von Gefühlskarten ihre Meinung zum Workshoptag anzeigen. Es gibt auch die Möglichkeit, sich auf schriftliche Weise zurückzumelden. Anschließend treffen sich die Mitarbeitenden zu ihrer internen Evaluation, dem Workshopfeedback. Dort wird das Erlebte ausgewertet und sich ausgetauscht. Anschließend füllen die Workshopleitenden und der Lifecoach ein Feedbackprotokoll aus, welches für die Dokumentation abgeheftet wird. Alle Protokolle werden wöchentlich im Workshopreport zusammengefasst, um eine Übersicht über die gesamte Arbeit zu bekommen. Zusätzlich wird im halbjährlichen Rhythmus ein detaillierter Workshopreport zu jedem Workshop verfasst, um die Entwicklung des jeweiligen Arbeitsbereiches besser verfolgen zu können.

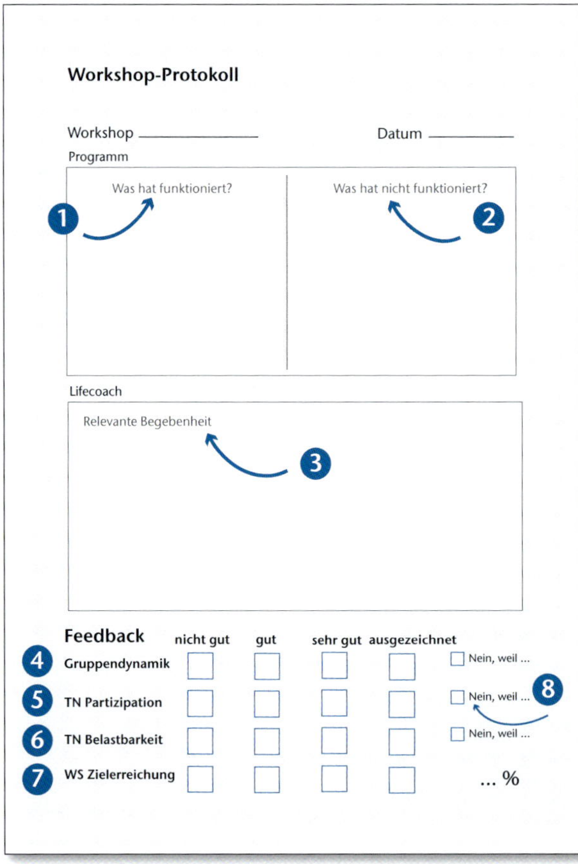

Workshop-Protokoll

Workshop ____________ Datum ____________

Programm

1 Was hat funktioniert? | 2 Was hat nicht funktioniert?

Lifecoach

3 Relevante Begebenheit

Feedback	nicht gut	gut	sehr gut	ausgezeichnet	
4 Gruppendynamik	☐	☐	☐	☐	☐ Nein, weil ...
5 TN Partizipation	☐	☐	☐	☐	☐ Nein, weil ... 8
6 TN Belastbarkeit	☐	☐	☐	☐	☐ Nein, weil ...
7 WS Zielerreichung	☐	☐	☐	☐	... %

Beispiel Feedbackprotokoll

1 Was hat von dem geplanten Ablauf des Workshops gut funktioniert?

2 Was hat nicht gut funktioniert und sollte vielleicht nicht noch einmal in der Form für den Workshop angeboten werden?

3 Lifecoach schreibt kurz über Begebenheiten/Gespräche mit Teilnehmenden. WICHTIG: Die Namen der Teilnehmenden abkürzen, keine vollständigen Namen. (z. B. Schulprobleme, Mobbing, Gewaltanzeichen, Familienprobleme)

4 Gruppendynamik: Wie war der Prozess der Gruppe in der Umsetzung des geplanten Workshops, z. B. Beteiligung, Aufmerksamkeit, Teilnahme?

5 Partizipation: Waren die Teilnehmenden in Entscheidungsprozesse eingebunden, z. B. hat sich ein Teilnehmer eine Aufgabe ausgesucht, die er im Workshop übernommen hat?

6 Belastbarkeit: Wie gut konnte der geplante Workshop umgesetzt werden, z. B. waren Teilnehmende müde, wollten noch mehr?

7 Wie viel von der Workshop-Planung wurde umgesetzt? (in Prozent angeben)

8 Kann keines der Auswahlkriterien gewählt werden, dann „Nein" ankreuzen mit Begründung (z. B. die Thematik war im Workshop nicht eingeplant).

Workshopreport

Montag, 2. November 2015 **45/2015** KW/Jahr

Wochentag	Workshop	TN	MA
Mo	Musik_klein	10	3
Mo	Musik_groß	9	3
Di	blu_bees	5	3
Di	Kreativ	7	2
Mi	Tanz_klein	10	3
Mi	Tanz_mittel	8	2
Mi	Tanz_groß	10	4
Do	Schauspiel_klein	0	0
Do	Schauspiel_groß	7	2
Fr	Studio	6	2
Fr	Multimedia	5	2
TN-Schlüssel (Kind je MA)			**2,96**
MA abwesend			0

TN-Anzahl der Woche **77**

Beispiel Workshopreport, Teil 1

Lifecoach News	
Musik_klein	gutes Vorankommen mit Instrumenten, neues Lied begeistert
Musik_groß	alle TN an rhythmischen Instrumenten, gefiel ihnen sehr gut
blu_bees	chaotischer Anfang, Beruhigung durch Musik und Spiel
Kreativ	alles entspannt, 3 neue TN
Tanz_klein	Produktionsstart, Gruppenteilung nach Alter 8 bis 9 und 10 bis 13 sehr gut!
Tanz_mittel	Stress und Konzentrationsmangel, viel Auspowern nötig
Tanz_groß	gute Stimmung, Schattenwand-Tanz kommt gut an
Schauspiel_klein	fällt aus
Schauspiel_groß	eigenes Familienleben dargestellt, Streit, Wut ausgedrückt im Spiel
Studio	Texte schreiben und Aussprachetraining am Mikro
Multimedia	eigene Fantasie trotz Prägung durch verschiedene TV-Formate vorhanden

Beispiel Workshopreport, Teil 2

Detaillierter Workshopreport

Tanz_groß

KW/Jahr	Datum	TN	MA	Lifecoach
26/2014	25.06.14	10	3	Gute produktive Stimmung, 4 neue Tänzer/Tänzerinnen tanzen gleich mit, alle freuen sich auf die Ferien und die ['blu:boks]-Freizeit, P. darf nicht mitkommen, aber wird nach den Ferien wieder da sein.
27/2014	02.07.14	8	4	Viele TN für die Freizeit da, Vorbereitung für den Showcase leider chaotisch, stressiger Start, am Ende besser.
35/2014	27.08.14	5	4	Begeisterung über neuen Tanzcoach, Showcase lief gut, TN wollen nächste Woche Freunde mitbringen, Wunsch nach mehr Pausen.
36/2014	03.09.14	6	4	Sehr entspannt, gute Stimmung, 1 neue TN, P. hat Hausarrest, Lifecoach wird sie anrufen und mit ihr sprechen.
37/2014	10.09.14	3	2	Wenig Teilnehmende wegen Schulprogramm, mehr Lifecoaching-Gespräche und Spiele, P. darf wieder ab nächster Woche kommen.
38/2014	17.09.14	5	3	Es braucht eine neue Aufgabe für einen Auftritt (Ausblick), TN wollen Street-Dance-Choreo, P. war da und sehr glücklich.
39/2014	24.09.14	7	5	Musik ausgesucht und erste Moves einstudiert, L. und S. gestritten, L. will nicht mehr kommen, langes Gespräch mit WS-Leiterin.

40/2014	01.10.14	11	5	Sehr gute Stimmung, viel Energie, neuer Tanz einstudiert, kommt sehr gut an, L. kam kurz vor Ende des WS und tanzte noch mit, ist aber noch skeptisch wegen S.
41/2014	08.10.14	8	4	Gute Gruppenatmosphäre, L. nicht da, Lifecoach ruft nochmal an, alle TN wollen Zwischenergebnisse zeigen im Showcase.
42/2014	15.10.14	9	4	Anfangs unkonzentriert, nach Pausen besser, TN schwer zu motivieren heute, viele Pausen gemacht, L. will nicht mehr kommen.
45/2014	05.11.14	11	4	2 neue TN gut in Gruppe integriert, Wunsch nach neuem Tanz geäußert mit Soloparts, gutes Feedback, P. hat erneut Hausarrest, Lifecoach ruft Eltern an.
46/2014	12.11.14	12	4	Lied gemeinsam ausgesucht, erste Choreo-Schritte besprochen und geübt, sehr ausgelassene Stimmung, P. darf erst im neuen Jahr wiederkommen, Lifecoach bleibt dran.
47/2014	19.11.14	12	2	S. wollte den WS verlassen, konnte nicht motiviert werden zu bleiben, neue Choreografie zu schwer für einige, wird angepasst, Soloparts kommen gut an, 2 MA krank.
48/2014	26.11.14	9	3	Tanz wird immer besser, S. war da und hat mitgetanzt, am Ende Freestyle bei allen sehr gut angekommen.
49/2014	03.12.14	7	4	Super Probenatmosphäre, gutes Vorankommen, neuer Tanz gefällt allen, 3 krank gemeldet vorab – wollen neue Schritte selbstständig lernen, Showcase vor den Ferien gewünscht.

50/2014	10.12.14	9	5	Eine Freundin von S. (TN) hat Suizid begangen, langer Austausch in der Runde und in Einzelgesprächen; am Ende Wunsch, Musik zu hören und nicht zu tanzen, Gesprächsbereitschaft von allen MA ausgedrückt.

Beispiel detaillierter Workshopreport

4.4 Regeln des Zusammenlebens

Für jede sozial-kulturelle Arbeit sind Regeln des Zusammenlebens und des Zusammenarbeitens vonnöten. Diese gilt es, sorgfältig zu bestimmen und regelmäßig zu hinterfragen.

In den ersten Monaten der Arbeit der ['blu:boks] BERLIN wurden Kinder und Jugendliche, die massiv gestört haben, für einige Minuten aus den Workshops herausgenommen. Wenn sie nach einiger Zeit außerhalb wieder zurück in den Workshop kamen und sich wiederholt nicht integrierten und andere Teilnehmer und Teilnehmerinnen von der Arbeit abhielten, wurden sie schließlich nach Hause geschickt. Ihnen wurde dennoch stets erklärt, dass sie beim nächsten Workshop willkommen sind.
In der externen Supervision der Lifecoaches wurde erörtert, dass die Botschaft, die bei diesen Teilnehmenden ankam, folgende war: „So wie du bist, bist du falsch. So wollen wir dich hier nicht." Das stand im starken Gegensatz zum Auftrag der Einrichtung. Botschaften, wie: „Du bist nicht gut.", „Du störst.", „So wie du bist, ist mit dir nichts anzufangen.", sind Signale, die weder dem Selbstwert eines Kindes oder eines/einer Jugendlichen zuträglich sind noch sein/ihr Selbstbewusstsein fördern können. Diesen negativen Impulsen waren sie tagtäglich in ihrem Umfeld ausgeliefert, in der ['blu:boks] BERLIN sollte das anders sein.

Grundsätzlich ist festzustellen:

- Verhaltensauffälligkeit ist ein Verhalten, das von der Norm, welche von der Umwelt festgelegt wird, abweicht (in diesem Fall von der Struktur der Workshops und deren Regeln).
- Kinder/Jugendliche suchen durch ihre „Verhaltensauffälligkeiten" eine Beziehung und sehen bzw. kennen im Moment des Kontaktes keine andere Möglichkeit, als sich so zu verhalten, wie sie es kennen. Es ist die Sprache, die diese Kinder/Jugendlichen beherrschen.
- Die Aufgabe der Mitarbeitenden ist es, die Kinder und Jugendlichen zuerst einmal wahrzunehmen und herauszufinden, welche Ursache im konkreten Verhalten liegt.
- Strafen und Konsequenzen entstehen oft aus einer Machtposition heraus. Diese wird negativ wahrgenommen und fördert das Wegbleiben der zu erreichenden Kinder und Jugendlichen.
- Kinder sollen so angenommen werden und sich angenommen fühlen, wie sie sind.

Aufgrund der Erkenntnisse der ersten Monate wurde eine neue Strategie angewandt. Keiner der Teilnehmenden wurde nach Hause geschickt, sondern bei „Verhaltensauffälligkeiten" kurzzeitlich aus den Workshops herausgenommen. Außerhalb der Workshoparbeit konnte somit gemeinsam mit einem Lifecoach im persönlichen Gespräch besprochen werden, was den Teilnehmer / die Teilnehmerin gerade bewegt. Nach sechs Monaten wurde festgestellt, dass eine besondere Vertrauensbeziehung entstanden war.

Eine Beispielgeschichte: Eine junge Teilnehmerin weinte und schrie jede Woche im Workshop. Sie weigerte sich über Monate, mitzumachen und fesselte sich selbst an der Heizung fest, um ihren Unwillen über eine Partizipation am Programm auszudrücken. Doch sie kam jede Woche wieder. Schrie erneut, weinte laut, störte bewusst und klammerte sich an allem fest, was sie fand. Jeder Workshop mit ihr forderte die Mitarbeitenden teilweise bis an die emotionale Grenze und darüber hinaus. Oft saß das Team verzweifelt bei den Feedbackgesprächen und wusste nicht mehr ein noch aus. Doch es wurde immer wieder neu entschieden, dass dem Mädchen nicht untersagt werde zu kommen, man sie nicht ausladen würde. Stattdessen wurde für sie eine ganz eigene Strategie entwickelt und sie wurde mit einer Mitarbeiterin als kontinuierliche Ansprechpartnerin und Helferin ganz für sich allein ausgestattet. Über einen langen Zeitraum hinweg trat ein, was alle erhofft hatten: Das Mädchen fand Vertrauen und Halt. Noch nie hatte sie diese Art von Liebe und Aufmerksamkeit erhalten. Jetzt, vier Jahre später, ist das Mädchen eine Säule und Stütze für alle anderen Kids. Sie orientieren sich oftmals an ihrer ruhigen und ausgeglichenen Art und Mitarbeit. Natürlich treten hin und wieder auch Rückschläge auf. Sie testet nach wie vor, zwar sehr selten, aber dafür stark, ob sie noch geliebt und begleitet wird, wenn sie sich komplett danebenbenimmt. Und ja, die Einrichtung tut es, keiner der Mitarbeitenden gibt sie auf. Und mit diesem Wissen und Erleben reift sie zu einem selbstbewussten und fähigen jungen Teenager heran.

Das dritte Jahr der Einrichtung begann damit, dass die Teilnehmenden die Regeln des Zusammenlebens selbstständig formulieren durften. Sie diskutierten, welche Vorschriften und Konsequenzen sie in den Jahren zuvor als gut empfunden hatten und welche nicht. Die Ergebnisse wurden prominent in den Räumlichkeiten an einer Wand zur Schau gebracht. Die Teilnehmenden konnten diese Regeln als ihre eigenen ansehen, akzeptieren und auch selbstbewusst und klar neuen Teilnehmenden erklären. So geschieht es regelmäßig, dass neue Teilnehmende vor der Workshopzeit von den älteren Teilnehmenden zur „Regeln des Zusammenlebens"-Wand geführt werden und selbstverständlich und überzeugt erklärt bekommen, welche Regeln gelten und warum diese sinnvoll sind.

Immer wieder geht es in der ['blu:boks] BERLIN darum, sich auf die aktuellen Bedürfnisse der Teilnehmenden einzulassen. Das bedeutet neben dem Anpassen von Strukturen und Methoden, auch die Regeln zu ändern und anzupassen. Denn in der ['blu:boks] BERLIN sind die Regeln auch da, um von den Teilnehmenden ab und an gebrochen zu werden.

Aktuelle Regeln des Zusammenlebens

In der ['blu:boks] BERLIN darf ich so sein wie ich bin!
Ich werde respektiert und respektiere alle Teilnehmer/Teilnehmerinnen und Mitarbeiter/Mitarbeiterinnen.

Das bedeutet:

- Ich höre zu, wenn einer spricht!
- Ich helfe anderen!
- Ich akzeptiere die Meinung der anderen!
- Ich beleidige nicht und benutze keine Schimpfwörter!
- Ich schubse, trete und schlage nicht!
- Streitigkeiten und Konflikte werden gewaltfrei (nach Bedarf mit einem Mitarbeiter / einer Mitarbeiterin) geregelt!

Regeln für unsere Räume

- Zu Beginn des Workshops gebe ich Wertgegenstände inklusive Handy zum Einschließen ab.
- Ich esse und trinke nur in der Teilnehmerlounge.
- Ich gehe nur nach Aufforderung auf die Bühne und in den Backstagebereich.
- In der Pause bleibe ich in den Räumen oder gehe nur zusammen mit einem Mitarbeiter / einer Mitarbeiterin nach draußen.
- In den Räumen und auf dem Hof kann ich leider nicht Ballspielen.
- Ich gehe vorsichtig mit Eigentum um. Am Ende des Workshops räume ich mit auf.

4.5 Räumlichkeiten

Zunächst ist festzustellen, dass die ['blu:boks] BERLIN mehrmals umgezogen ist und sich stetig vergrößert hat. Die hier aufgestellte Liste gilt somit als reine Orientierungshilfe bei der Suche nach geeigneten Räumlichkeiten für entsprechende sozial-kulturelle Projekte in der Arbeit mit Kindern und Jugendlichen.

Die Räumlichkeiten der ['blu:boks] BERLIN

Anzahl	Art	Besonderheit	Anmerkung
1 Tanzraum	ca. 100 qm mit gedämmtem Parkettboden und Spiegelwand	fest installierte Musikanlage und gutes Licht ist von Vorteil	bei Gruppentrennung muss ein zusätzlicher Raum eingeplant werden
1 Schauspielraum	ca. 60 qm mit Holzfußboden ohne Möbel, Matten zum Sitzen	Farb- und Lichtkonzept sollte Atmosphäre schaffen, ein sichtbar getrennter Bühnenbereich (mit Vorhang) ist von Vorteil	Isomatten für Bodenübungen, benötigte Requisiten / Kostüme / Bühnenelemente sind im Lager zu finden oder in einem abschließbaren Schrank
1 Musikraum	ca. 60 qm mit Teppich und integriertem Tonstudio	gute Dämmung und genügend Platz für Instrumente sollte vorhanden sein	bei Gruppentrennung muss ein zusätzlicher Raum eingeplant werden, extra Raum / großer Schrank im Raum muss abschließbar sein für Instrumente und technisches Equipment
1 Kreativraum	ca. 40 qm mit Linoleumboden, Tischen, Stühlen, Waschbecken	dieser Raum und die Möbel sollten einfach gereinigt werden können	ist als Multifunktionsraum einsetzbar (und kann für Lagerbestände abschließbare Schränke haben)
1 Küche	ca. 30 qm mit Arbeitsflächen und guter Ausstattung	Gesundheitsaspekte und kindgerechte Arbeitsflächen sollten bedacht werden	ein angrenzender (abschließbarer) Lagerraum (ca. 5 qm) für Lebensmittel usw. ist vorteilhaft
1 Empfangs- und Loungebereich	ca. 40 qm ansprechender Eingangsbereich als „Visitenkarte" der gesamten Arbeit	gemütliche, einladende Atmosphäre mit Theke für Getränke, Spielecke, Sitzgelegenheiten, vielen Fotos/Bildern, Garderobe usw.	diese Fläche ist auch für die Pausen als Kommunikationsfläche wichtig, sollte separat zu den Workshopräumen und zugleich zentral erreichbar für alle sein (hier halten sich vor und nach dem Workshop die Eltern / Erziehungsberechtigten / Gäste auf)

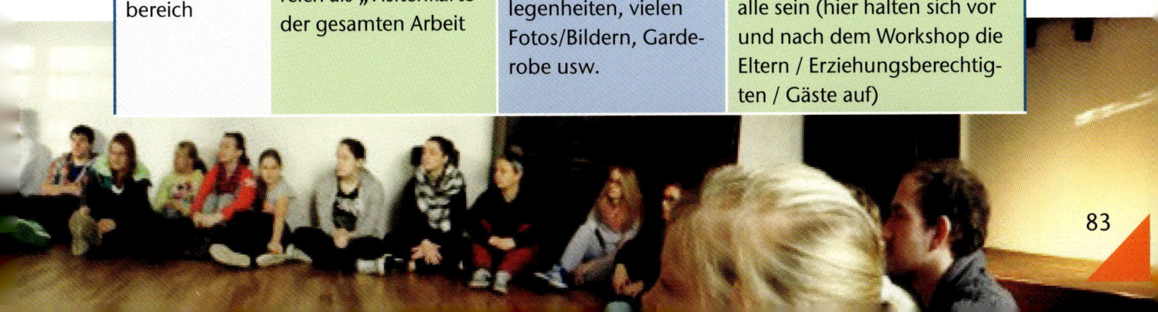

2 Büroräume	ca. 20 qm für die Leitung ca. 30 qm für Mitarbeitende	getrennt von der Workshopfläche, um ruhige Vor- und Nachbereitung zu gewährleisten, im Leitungsbüro ein zusätzlicher runder Tisch für Gespräche mit Mitarbeitenden und Einzelgespräche	mehrere Tische für Honorarkräfte und Ehrenamtliche, die mit Computern, Telefon und Büromaterial ausgestattet sind, gut zugängliche Arbeitsmaterialordner, WIFI und Drucker/Kopierer
Mitarbeiterlounge	ca. 20 qm	gemütliche Sitzgelegenheiten, getrennt von der Workshopfläche (derzeit ist die Küche an die Mitarbeiterlounge angegliedert)	gemütliche, einladende Atmosphäre mit Fotos und Lichtkonzept für die Mitarbeitenden, ausgestattet mit guter Kaffeemaschine und Zubereitungsmöglichkeiten für Snacks, Tee usw.; in diesem Bereich erholen sich die Mitarbeitenden und tauschen sich in geschützter Umgebung vor und nach den Workshops aus
Toiletten	jeweils 10-15 qm geschlechterspezifisch getrennt, zusätzliche Toilette für Mitarbeitende, nach Möglichkeit mit Umkleide	zentral erreichbar, sauber und hell, niedrige Waschbecken- und Toilettenhöhe bzw. kindgerechte Hilfen (Stehbank, Toilettensitz usw.) erforderlich, Platz für Umkleidemöglichkeit vorhanden	abschließbar, dennoch sinnvoll einen zusätzlichen Schlüssel im Büro zu hinterlegen, falls versehentlich eingesperrt wird, Verbandskoffer unterbringen sowie spezielle Hygieneartikel für Mädchen bereitstellen

4.6 Sonderprogramme

Neben den Workshops werden regelmäßig Sonderprogramme für die Teilnehmenden angeboten. Die Angebote wechseln je nach aktuellem Bedarf und finanziellem Aufwand. So wurden außerplanmäßige Ausflüge zu großen kulturellen Veranstaltungen von Sponsoren gefördert, aber auch Wünsche von Teilnehmenden berücksichtigt, die beispielsweise wiederholt äußerten, Erkundungen in Naturschutzgebiete zu unternehmen. Zu besonderen Festtagen veranstaltet die ['blu:boks] BERLIN Feiern und Filmabende oder lädt zu erlesenen kulinarischen Nachmittagen ein.
Im Budget sowie im Dienstplan einer sozial-kulturellen Einrichtung sollten diese Unternehmungen sorgsam bedacht und frühzeitig organisiert werden. Mitarbeitende müssen gefunden werden, die Organisation und Budgetierung muss neben dem normalen Workshopbetrieb erledigt werden. Es ist daher zu empfehlen, eine geordnete Auswahl zu treffen, die einerseits keine Überbelastung schafft (Überforderung der Mitarbeitenden, Reduzierung von benötigter Probenzeit) und andererseits Synergien freisetzt (Motivation der Teilnehmenden durch das Erlebnis einer hochwertigen Bühnenproduktion, Entspannung der Teilnehmenden durch besondere Freizeitaktivitäten, Förderung des Gemeinschafts- und Zusammengehörigkeitsgefühls).

Feiertage und besondere Anlässe

An gesetzlichen Feiertagen und zu besonderen Anlässen öffnet die Einrichtung ihre Türen für Feiern. Zur Zeugnisausgabe vor den Ferien findet das sogenannte „blu:dinner" statt, bei dem die Mitarbeitenden die Teilnehmenden an der festlich geschmückten großen Tafel bedienen und für sie musikalische und tänzerische sowie andere kreative Darbietungen vorführen. Zu Weihnachten gibt es eine Bescherung und zu Ostern eine Eiersuchaktion sowie an ausgewählten Wochenenden diverse Sonderaktionen, die sich nach den Anfragen von Teilnehmenden richten (z. B. Spielenachmittage, Plätzchen backen, werken und basteln, Filmnacht, Grillfest).

Kulturbesuche und Ausflüge

Hin und wieder spenden Firmen und Einzelpersonen Ausflüge und Eintrittskarten für kulturelle Events in der Stadt und im Umland. So wurde die ['blu:boks] BERLIN zur „Blue Man Group" eingeladen oder zum „Roncalli Weihnachtscircus" sowie in den tropischen Freizeitpark „Tropical Islands". Auch finden in unregelmäßigen Abständen Lesungen und Theaterabende in den Räumen der Einrichtung statt. Die Teilnehmenden erleben diese besonderen Termine als ein Highlight des Jahres und erzählen noch lange Zeit später davon. Hier wurde wiederholt festgestellt, dass das Erleben eines hochwertigen kulturellen Angebots oftmals bei den Teilnehmenden Mut und Kreativität für ihr eigenes Engagement im Workshop freisetzt.

Feriengestaltung: Freizeiten und Sommerferienprogramm

In den Pfingstferien finden alle zwei Jahre eine Jungs- und eine Mädchenfreizeit statt („blu:men Camp" bzw. „blu:girls Camp"). Die geschlechtsspezifische Freizeit zielt vor

allem auf den Austausch untereinander über Themen und Sorgen, die sich in diesem Rahmen offener besprechen lassen. Zudem werden individuelle Aktionen angeboten wie beispielsweise Kosmetik- und Beauty-Kurse für Mädchen und Lagerfeuer-Nächte und Abenteuerausflüge in der freien Natur für Jungs.
Die alljährliche Sommerfreizeit ist für alle Teilnehmenden offen und wird für einen minimalen Selbstkostenbeitrag angeboten. Einige Teilnehmende haben noch nie ihr Bundesland verlassen, sodass die ['blu:boks] BERLIN Ziele für die Freizeit auswählt, welche die Teilnehmenden noch nicht bereist haben (Dänemark, Österreich, Ostsee usw.). Dabei wird auch darauf geachtet, dass die Freizeithäuser viel Platz für Erholung in der Natur bieten und zugleich Räumlichkeiten für Workshop-Proben haben. Ein ausgewogenes Programm zwischen Freizeit und Proben wird für die meist zehntägige Freizeit angesetzt. Die Sommerfreizeit gilt als eines der wichtigsten Ereignisse des Jahres für die Einrichtung, da während dieser Zeit die Kontakte zwischen Mitarbeitenden und Teilnehmenden unschätzbar stark intensiviert werden. Auch kann die Qualität der Probenarbeit durch eine kontinuierliche Zeit verstärkt werden. Für viele Teilnehmende ist die Sommerfreizeit die einzige Möglichkeit, für einen längeren Zeitraum ihrem Familien- und Schulalltag zu entfliehen und in einer Atmosphäre der Wertschätzung und Annahme zu entspannen. Die Freundschaften zwischen den Teilnehmenden wachsen und es finden viele seelsorgerliche Gespräche mit den Lifecoaches statt.
Da in den Sommerferien keine Workshops angeboten werden, gibt es ein Sommerferienprogramm, zu dem sich die Teilnehmenden anmelden können. Dabei wird darauf geachtet, Aktionen anzubieten, die so nicht im Workshopalltag erlebt werden (Zoobesuch, Ausflug in den Filmpark, Haushaltskurse, Kochkurse zu gesunder Ernährung, Übernachten in den Räumlichkeiten usw.).

4.7 Öffentliche Aufführungen

Showcase

Der sogenannte „Showcase“ ist das Vorzeigen von Workshopergebnissen vor ausgewähltem Publikum. Er wurde als methodisches Hilfsmittel eingesetzt, um die Auftrittskompetenz der Teilnehmenden zu entwickeln und sie somit langsam an die große Bühnenproduktion heranzuführen. In regelmäßigen Intervallen zeigen die Workshopteilnehmenden zuerst voreinander ihre Erarbeitungen. Wenn die kreative Gesamtleistung und das Gefühl der Sicherheit für alle Teilnehmenden auf einem zufriedenstellenden Stand sind, wird ein öffentlicher „Showcase“ vor Eltern und/oder weiteren Zuschauern/Zuschauerinnen anberaumt. Es ist für eine sozial-kulturelle Einrichtung sehr zu empfehlen, solche Teilziele in die Arbeit einzubauen. Im kleineren und sicheren Rahmen kann für größere Auftritte und Aktionen geübt werden. Sowohl die Teilnehmenden als auch die Mitarbeiterschaft wird langsam und mit kontrolliertem Druck auf ein großes Ziel hin vorbereitet.

Auftritte

In regelmäßigen Abständen ist die ['blu:boks] BERLIN bei Straßen- und Stadtteilfesten im Sozialraum mit einem Stand oder einem Auftritt vertreten. Auch werden einzelne Teilnehmende oder Workshops für Auftritte angefragt, wenn diese bereit sind und ein Vortragen für die Ausrichtenden fruchtbar ist. Alle Auftritte werden im Jahresplan vorab so terminiert, dass sie gut über das Jahr verteilt sind und zusätzliche Synergien freisetzen:

- Lernübung für die Teilnehmenden
- Bekanntheitsgrad der Einrichtung vergrößern
- Dank an Spender/Spenderinnen und Fördergeber/Fördergeberinnen

Die große Bühnenproduktion

Alle zwei Jahre veranstaltet die ['blu:boks] BERLIN ihre große Bühnenproduktion in einem professionellen Theater der Stadt.

Zunächst werden im Plenum das Thema und die Zielrichtung der späteren Bühnenproduktion erarbeitet, um zu gewährleisten, dass die Themen auch der Erlebniswelt der Kinder und Jugendlichen entspringen. Daraufhin wird von einem professionellen Autor und Regisseur ein Musik-Tanz-Theater-Stück entwickelt. Für das konkrete Einstudieren des Bühnenstücks werden die Teilnehmenden anschließend in Arbeitsgruppen, ausgehend von ihren Talenten und Wünschen, eingeteilt.

In dieser Aufteilung wird getrennt voneinander wöchentlich und an speziellen Probenwochenenden in Kleingruppen mit den jeweiligen Mitarbeitenden und dem Regisseur geprobt. Die Teilnehmenden verpflichten sich für den gesamten Zeitraum der Produktionsproben an den Terminen teilzunehmen, beziehungsweise melden sich frühzeitig ab, wenn sie bereits festgelegte Termine haben. Dies gewährleistet eine effektive Probenzeit, die für eine so große Unternehmung wie die Bühnenproduktion oftmals einen engen Zeitplan hat. Wiederkehrend werden gegenseitig Zwischenergebnisse der Produktion im internen und später öffentlichen „Showcase“ gezeigt und sich somit langsam an den Auftritt vor großem Publikum herangetastet.

Am Ende der Probenphase stehen die gemeinsame Lichtprobe sowie die Generalprobe in dem Berliner Theater. Mithilfe von professionellen Lichttechnikern/Lichttechnikerinnen, Make-Up-Artisten/-Artistinnen und einem/einer Inspizienten/Inspizientin wird ein geschützter Rahmen für einen reibungslosen und stressfreien Ablauf geschaffen.
Die Mitarbeitenden bleiben über den gesamten Probenprozess in enger Kommunikation untereinander über Fortschritte und Entwicklungen der Kinder und Jugendlichen. Sie geben zudem Feedback an die Gesamtregie der Bühnenproduktion sowie an die Produktionsleitung. Durch diese enge Vernetzung ist gewährleistet, dass kein Teilnehmer / keine Teilnehmerin überfordert oder nicht genug gefördert wird. Jeder/jede Teilnehmende ist außerdem in einem sogenannten Betreuungsschlüssel aufgenommen. Dieser liegt in der Produktionszeit weiterhin bei einem Verhältnis von eins zu drei (Mitarbeiter/Mitarbeiterin zu Teilnehmende). Somit ist sichergestellt, dass jedes Kind / jeder Jugendliche / jede Jugendliche die individuelle Betreuung und Aufmerksamkeit erhält, die es / er / sie benötigt, um sich in seiner/ihrer Entwicklung und Kreativität auch in einem so aufwendigen Projekt zu entfalten.
An die qualitative Ausrichtung der Bühnenproduktion wird ein hoher Maßstab gesetzt. Der Grundsatz dieser Ausrichtung wurde bereits im Exkurs im Kapitel 3.5 („Der Anspruch an professionelles künstlerisches Schaffen und der Segen des Scheiterns in der ästhetischen Bildung“) beschrieben.

Plakat Bühnenproduktion 2011

Plakat Bühnenproduktion 2013

4.8 Elternarbeit

Die Einrichtung hat anfangs ein wöchentliches Frühstück für Eltern angeboten, bei dem sich ein zuständiger Mitarbeiter / eine zuständige Mitarbeiterin mit den Eltern und Erziehungsberechtigten austauschen konnte. Dieser Termin wurde auch für Einzelbesprechungen über die Fortschritte der Teilnehmenden und für Informationsaustausch über die Situation zu Hause wahrgenommen. Von Seiten der Eltern wurde der wöchentliche Termin gut besucht. Aufgrund des Feedbacks der Teilnehmenden musste, nach viermonatiger Testphase, diese Arbeit jedoch beendet werden. Die Kinder und Jugendlichen der ['blu:boks] BERLIN empfanden es als störend und kontraproduktiv, dass die Eltern in die Räume der Teilnehmenden kamen. Ihre „Oase fernab von zu Hause“ wurde durch die regelmäßigen Besuche der Eltern angegriffen. Dadurch, dass Eltern in den Frühstücksgesprächen auch interne Probleme und Sorgen besprachen, fühlten sich manche Teilnehmenden nicht mehr vorurteilsfrei angenommen. Die Einrichtung wurde von ihnen nicht mehr als „Anwalt der Kinder und Jugendlichen“, sondern als „Anwalt der Eltern“ wahrgenommen. Somit wurde das Elternfrühstück abgesetzt.
Nun finden drei- bis viermal im Jahr Begegnungen der Eltern mit der Einrichtung statt. Sie werden zu Auftritten, zum „Showcase“ oder zu einem Fest eingeladen. Austausch zwischen Mitarbeitenden und Eltern finden statt, wenn die Teilnehmenden abgeholt werden oder wenn Eltern explizit telefonischen Kontakt suchen. Informationen zur Arbeit können die Eltern über die Informationsabende, Informationsbriefe sowie soziale Netzwerke finden, auf denen fast alle Eltern vertreten sind. Der Fokus der Einrichtung liegt auf der Arbeit mit den Teilnehmenden, weniger auf der Arbeit mit den Eltern.

Um dennoch die Eltern stärker zu erreichen hat die ['blu:boks] BERLIN ein Elterntheater konzipiert: „RespACT – Eltern-Bildung“. Vor allem wenn Kinder ihren Eltern auf der Gefühlsebene begegnen möchten, fühlen sich diese aufgrund von Hektik und Stress oft unfähig zu reagieren. Die zwischenmenschliche und emotionale Seite im Leben kommt häufig viel zu kurz oder wird verdrängt. Aus diesem Grund bietet die methodische Arbeit mit Theater und Musik eine Plattform, sich der emotionalen Seite anzunähern. Die Eltern können so die Bedürfnisse ihrer Kinder durch Spiel und Reflexion wahrnehmen.
Weiterführend sollen sie durch ein neu konzipiertes Familien-Beratungsangebot Werkzeuge an die Hand bekommen, um im Alltag mit ihren Kindern besser kommunizieren zu können („Modelle und Methoden zur emotionalen Kommunikation“). Dieses Angebot wird im Rahmen des neuen ['blu:boks] Familien- und Bildungszentrums stattfinden und somit nur indirekt mit dem Arbeitszweig der Arbeit mit Kindern und Jugendlichen verknüpft sein. Es wird darauf geachtet, den Teilnehmenden nach wie vor deutlich zu signalisieren, dass die ['blu:boks] BERLIN Refugium der Kinder und Jugendlichen ist und bleibt.

4.9 Finanzierung

Das Thema der Finanzierung und des Fundraising einer sozial-kulturellen Arbeit ist ein wichtiges und zugleich sehr weites Feld. Viele Strategien und Konzepte können leicht verwirren und den Überblick verlieren lassen. Gerade am Anfang einer Arbeit kann dieses Thema zu einer Überforderung und damit zu Frust führen. Dennoch ist die Arbeit ohne ein klares Finanzkonzept nicht möglich! Im Idealfall gibt es einen Mitarbeiter / eine Mitarbeiterin, der/die dieses Thema in einer Vollzeitanstellung ausarbeitet und verwaltet. Doch kaum eine Einrichtung kann sich in der Startphase die damit verknüpften Personalkosten leisten. Und hier wird die erste Schwierigkeit in Sachen Fundraising deutlich: Es wird Geld benötigt, um Geld zu generieren. Große Träger beschäftigen ganze Abteilungen, die sich um Fundraising kümmern. Sie arbeiten mit ausgefeilten Strategien, welche jeweils an die Spenderzielgruppe angepasst werden. In dieser Dimension gibt es klare Richtlinien und konkret ausformulierte Vorgehensweisen. Doch vieles davon bezieht sich auf eine bereits florierende Arbeit und ist nur bedingt tauglich, um ein sozial-kulturelles Projekt aus dem „Nichts“ zu erschaffen oder zu reformieren. Eines der besten Bücher, passend gerade für kleinere Organisationen und Projekte, ist Grombergs „Handbuch Sozial-Marketing: Strategie, Praxis, Trends – durch zielgerichtete Kommunikation zum Erfolg“ (siehe Literaturempfehlungen im Anhang). Hier findet man eine Fülle von nützlichen Tipps in einer erstaunlichen Bandbreite.

Torsten Hebel beschreibt im folgenden Abschnitt selbstentwickelte und praxiserprobte Finanzierungsgrundlagen. Seine Vorgehensweisen sind eine Anregung, wie in der Startphase einer Gründung strategisch vorgegangen werden kann. Denn die ['blu:boks] BERLIN ist keinem vorgefertigten Finanzierungsplan gefolgt, sondern hat ihre eigene Strategie entwickelt. Man sollte einen „Maßanzug“ für jedes einzelne Projekt schneidern, wenn die Fundraising-Strategie erfolgreich sein soll. Vorgefertigte Erkenntnisse helfen nur bedingt und laufen oft ins Leere. Man benötigt eine oder besser mehrere Stiftungen an seiner Seite, die einem durch ihre Förderungen eine finanzielle Grundversorgung ermöglichen. Aus diesem Grund legt Hebel den Schwerpunkt seiner Ausführungen auf Stiftungen. Denn alles, was durch Newsletter, Spendenbriefe oder Vorträge an zusätzlichen Mitteln erwirtschaftet werden kann, liegt in der Regel bei einem Verhältnis von eins zu drei: ein Drittel Spenden von Privatpersonen und zwei Drittel finanzielle Mittel von Stiftungen.

Am Anfang steht eine klare Vision

(von Torsten Hebel)

Der erste Schritt in Sachen Fundraising besteht darin, die Vision, das heißt die Idee des Projektes, klar zu umreißen und auszuformulieren. Bereits hier scheitern viele, denn es ist gar nicht so einfach, eine Arbeit zu beschreiben, die noch gar nicht wirklich begonnen hat. Natürlich kann man theoretisch ein Projekt planen – aber die Planungen haben oft nicht viel mit der Wirklichkeit zu tun.

Bei der ['blu:boks] BERLIN war dieser Schritt der schwerste. Ich habe ungefähr drei Jahre benötigt, um eine tragfähige Vision zu entwickeln und daraus eine Konzeption zu erarbeiten. Ich habe mir externe Hilfe geholt und eine Agentur damit beauftragt, mir bei der Projektentwicklung zu helfen. Ohne diese Hilfe hätte ich es wohl nicht oder erst sehr viel später geschafft, eine durchdachte Konzeption zu erstellen. Nach Tagen der gemeinsamen Arbeit mit der Agentur kristallisierte sich Folgendes heraus: Unser eigentliches Thema war weder die Methode (in unserem Fall ästhetische Bildung), noch waren es die Ergebnisse und Resultate (wie z. B. Teamfähigkeit, Konfliktfähigkeit oder Resilienz), sondern wir mussten die Idee der „Kultur der Wertschätzung" in den Vordergrund rücken. Das war unser Alleinstellungsmerkmal. Diese Idee haben wir gezielt nach „außen" und nach „innen" kommuniziert und im Fundraisingkonzept verdichtet. Es ging und geht uns bis heute also darum, durch die „Kultur der Wertschätzung" jungen Menschen die Stärkung und Entwicklung ihres Selbstwertgefühls möglich zu machen (siehe der Claim „['blu:boks] BERLIN – Die Selbstwertmanufaktur"). Durch diese „Kultur der Wertschätzung" und die damit verbundene individuelle Anerkennung für die einzelnen Kinder und Jugendlichen entwickeln sich durch neuroplastische Botenstoffe im Gehirn der Teilnehmenden neue Denkstrukturen und damit neue Motivationen und Handlungsansätze. Das bedeutet konkret: Durch die gelebte „Kultur der Wertschätzung" in der ['blu:boks] BERLIN auf allen Ebenen versetzen wir die Kinder und Jugendlichen erst in die Lage, die eigentliche Konzeption der ästhetischen Bildung effektiv anzunehmen und umzusetzen. Die potenziellen Geldgeber und Geldgeberinnen benötigten am Anfang keine pädagogischen Abhandlungen über die geplante Arbeit. Sie wollten in meinem Fall einen Leiter erleben, der für diese Idee brennt, diese verkörpert und dafür mit allem was er ist und hat steht! Wenn man ein Projekt oder eine Arbeit plant, muss die Vision und die Idee in mindestens **einer Person** zum Leben erweckt werden.

In diesem Zusammenhang möchte ich fünf wertvolle Tipps in Sachen Fundraising geben, welche gerade im Umgang mit privaten Spendern und Spenderinnen von Wichtigkeit sind:

1. Reden Sie immer und überall von Ihrer Vision und Ihrer Idee.
2. Suchen Sie Orte und Veranstaltungen auf, an denen potenzielle Förderer/Förderinnen und Spender/Spenderinnen sind (Empfänge, Preisverleihungen, Events, Gemeinden).
3. Verteilen Sie bei allen Kontakten Ihre Visitenkarten und versuchen Sie, die Kontaktdaten Ihres Gesprächspartners / Ihrer Gesprächspartnerin zu bekommen.
4. Fragen Sie gezielt nach Gesprächsterminen, an denen Sie die Vision mit Leidenschaft und Kompetenz nach dem Erstkontakt mit etwas mehr Zeit vermitteln können (Follow Up).
5. Bereiten Sie eine kurze und präzise Erklärung Ihres Projektes vor (eine sogenannte „Elevator-Speech", die nicht länger als drei Minuten dauert):
   - **Warum** machen Sie die Arbeit, **wie** machen Sie die Arbeit, **was** genau ist das Ergebnis der Arbeit?
   - **Wie viel** Geld benötigen Sie für die Arbeit? **Was** hat der Spender / die Spenderin bzw. der Förderer / die Förderin davon?

Bei diesen ersten Kontakten ist es sehr wichtig, das richtige Verhältnis zwischen emotionaler Ansprache und Fakten zu kommunizieren. Dieser Anfang ist mühsam. Doch man darf sich nicht entmutigen lassen. Auch wenn die kontaktierten Personen nicht unmittelbar reagieren, irgendwann wird man für diese Anstrengungen belohnt werden. In der Geschichte der ['blu:boks] BERLIN ist es mehr als einmal vorgekommen, dass Personen, die ich Jahre vorher kontaktiert hatte, plötzlich auf mich zukamen, um mir Geld für die Arbeit zu geben. Alles, was man in der Kontaktarbeit tut, lohnt sich. Alles!
Gerade im Hinblick auf unsere Zukunft haben wir gemerkt, dass insbesondere die Kontaktpflege zu bezirklichen Ämtern und auch den politischen Vertretern und Vertreterinnen von großer Bedeutung ist. Auf dieser Ebene muss das Projekt bekannt werden und darüber gesprochen werden. Die Ebene der Politik und der Gremienarbeit kann mühevoll sein, aber auch hier gilt: Jede Kontaktarbeit lohnt sich. Jede!
Vor allem auch Geschäftsleute wollen wissen, ob man seine Finanzierung durchdacht hat. Das schafft Vertrauen. Denn warum sollte einem jemand sein Geld anvertrauen, wenn man noch nicht einmal weiß, wie viel Geld man wofür braucht und wie sich das Ganze rechnet? Zugegeben: Ich hatte am Anfang keinen Plan von der Finanzierung der ['blu:boks] BERLIN. Und ich hatte auch keinen Businessplan. Wir haben als Team immer genau so viel mit den Kindern umgesetzt, wie das Budget es hergegeben hat. Das ging aber nur, weil keiner von uns angestellt war. In dem Moment, wo Personalkosten und Arbeitsverträge ins Spiel kommen, benötigt man definitiv eine solide Finanzplanung. Man muss sich Hilfe von Fachleuten holen. Denn erstens ist es nie zu spät, dazuzulernen und zweitens kann mit Hilfe von außen ein Plan entwickelt werden, an welchem man sich auch Jahre später noch orientieren kann.

Anträge bei Förderorganisationen

„Aktion Mensch" ist immer eine gute Adresse, wenn es um eine Erstfinanzierung geht. Die „Aktion Mensch" ist die größte private Förderorganisation in Deutschland. Seit 2003 hat sie über 1.700 Projekte für Kinder und Jugendliche mit über 200 Millionen Euro gefördert. Mit den geförderten Vorhaben aus der Kinder- und Jugendhilfe will die Soziallotterie die Chancen junger Menschen auf Teilhabe und Partizipation am gesellschaftlichen Leben verbessern und die Persönlichkeitsbildung unterstützen. Die Förderung orientiert sich dabei am lokalen Bedarf sowie an qualitativ überzeugenden Konzepten. Zukunftsorientierte Ideen und präventive Aktivitäten haben gute Chancen, gefördert zu werden.
Das Förderspektrum „Projektförderung Kinder- und Jugendhilfe" umfasst ein breites Spektrum von Themenfeldern, die nicht zu staatlichen Pflichtleistungen zählen. Allerdings ist es nicht ganz leicht, in diese Förderungen reinzukommen. Der Antrag ist online abrufbar und bietet einer Organisation die Möglichkeit, innerhalb von drei Jahren ein funktionierendes Projekt zu entwickeln und aufzubauen. Das Projekt darf zum Zeitpunkt der Antragsstellung noch nicht begonnen haben und wird im Falle einer Förderung nur einmalig unterstützt. Daher ist es sehr wichtig, sich frühzeitig darüber Gedanken zu machen, wie die Nachhaltigkeit des Projektes oder der Arbeit gewährleistet werden kann.
Um eine höhere Chance auf Förderung zu haben, sollte man zu einem größeren Dachverband gehören (Paritätischer Wohlfahrtsverband, Diakonie, Caritas usw.). Gehört die Arbeit zu einer Kirchengemeinde oder einem anderen christlichen Träger, so ist diese Körperschaft sehr wahrscheinlich Mitglied in solch einer Dachorganisation.

Ganz praktisch sind folgende Schritte zu gehen: Man schreibt und entwickelt den Antrag. Dann nimmt man Kontakt zum Beispiel zum Diakonischen Werk auf lässt sich dort beraten. Nun ändert und korrigiert man seinen Antrag gemäß den Forderungen des zuständigen Sachbearbeiters oder der zuständigen Sachbearbeiterin. Dieser Vorgang kann sich des Öfteren wiederholen, man darf nicht den Mut verlieren. Irgendwann bekommt man von der Diakonie o. Ä. grünes Licht und der Antrag wird an die Hauptstelle gesendet. Hier wird er nochmals geprüft. Dann erst wird der Antrag an die „Aktion Mensch“ weitergeleitet. Nach der nächsten Kuratoriumssitzung von „Aktion Mensch“ bekommt man relativ schnell Bescheid, ob oder in welchem Umfang der Antrag bewilligt wurde.
Sollte, wie im Falle der ['blu:boks] BERLIN, der Antrag positiv entschieden werden, hat man Planungssicherheit für die nächsten drei Jahre und kann mutig beginnen, die Vision umzusetzen!

Anträge bei Stiftungen

Wer eine Stiftung als Förderer gewinnen möchte, sollte vor der Aussendung von Anfragen gründlich recherchieren und sorgfältig formulieren. Viele Anfragen werden sofort aussortiert, weil die vorgestellten Projekte thematisch oder strukturell außerhalb der Schwerpunkte der jeweiligen Stiftung liegen, unzureichend vorbereitet oder nicht überzeugend formuliert sind. Dies sind nach Schätzungen bis zu 90% aller Anfragen. Man hat es also weitgehend selbst in der Hand, ob das eigene Projekt zu den 10% gehört, die zur Förderung in Betracht gezogen werden, oder nicht.
Dieser folgende kleine Leitfaden soll eine Hilfestellung sein. Die Suche nach Fördermitteln bleibt jedoch eine zeitaufwendige und arbeitsintensive Angelegenheit.

Erster Schritt: Die Selbstanalyse

Bevor man eine Stiftung anspricht, sollte man den Blick erst einmal auf die eigene Organisation und das eigene Projekt richten. Eine präzise Formulierung des Profils der Organisation und deren langfristiger Strategie ist von grundlegender Bedeutung. Auch die Kompetenz der Organisation für das geplante Projekt sollte herausgestellt werden. Hilfreich bei der Selbstanalyse kann zum Beispiel der sogenannte SRS (Social Reporting Standard) sein.

Was ist der SRS? Der SRS unterstützt gemeinnützige und soziale Organisationen jeder Rechtsform und Größe dabei, überzeugend über ihr Engagement zu berichten. Durch eine einheitliche Sprache und leicht nachvollziehbare Systematik erleichtert der SRS den Austausch und Dialog über die Wirkungen der eigenen Angebote. Der SRS erfasst systematisch alle relevanten Organisations- und Finanzinformationen. Damit eignet er sich als Format sowohl für den externen Jahresbericht als auch für das organisationsinterne Berichtswesen (siehe www.social-reporting-standard.de).

Warum gibt es den SRS? Gemeinnützigen Organisationen, Social Entrepreneurs und Social Businesses fehlte bislang ein einheitlicher Berichtsrahmen, um nachvollziehbar über ihre Erfolge und Wirkungen zu berichten. Die bisherige interne wie externe Berichterstattung beschränkte sich allzu oft auf die Finanzen, Gremienstrukturen und Tätigkeiten. Dagegen blieben die bei den Zielgruppen und der Gesellschaft erreichten Veränderungen häufig außen vor. Die gemeinsame Sprache verbessert die Vergleichbarkeit zwischen verschiedenen Organisationen und fördert den organisationsübergreifenden Austausch über Wirkungen. Nur wer ein klares Bild von der eigenen Organisation und dem eigenen Projekt hat, kann dieses auch klar an Außenstehende vermitteln. Förderanträge, die die Inhalte nicht klar an Außenstehende kommunizieren, laufen Gefahr, sofort aussortiert zu werden.

Zweiter Schritt: Die Liste potenzieller Stiftungen

Ziel der Recherche ist es zunächst, je nach Volumen des Projekts, eine Liste von Stiftungen zusammenzutragen, deren Interessen auf dem angestrebten Gebiet liegen und die als mögliche Förderer infrage kommen. Dafür können zum Beispiel folgende Quellen zu Rate gezogen werden:

- Das Verzeichnis Deutscher Stiftungen, herausgegeben vom Bundesverband Deutscher Stiftungen
- Der Stiftungsindex unter www.stiftungen.org (Service/Stiftungssuche) – Diese Suchmaschine deckt allerdings nur einen Teil der deutschen Stiftungen ab.
- Die Stiftungsregister der Stiftungsaufsicht des jeweiligen Bundeslandes – Viele sind über das Internet einsehbar. Je nach Bundesland ist die Stiftungsaufsicht an unterschiedlichen Stellen angesiedelt, in Hamburg bei der Justizbehörde.
- Fachspezifische Förderdatenbanken, für den Kulturbereich zum Beispiel das Deutsche Informationszentrum Kulturförderung (www.kulturfoerderung.org)
- Google – Hier lassen sich mit geschickt gewählten Schlagworten zahlreiche Informationen über Stiftungen finden.
- Tagespresse und anderen Medien – Sie können wichtige Hinweise auf Förderer geben, die in der jeweiligen Stadt oder auf dem Gebiet aktiv sind.
- Personen in Schlüsselfunktionen, Fachleute, Kollegen/Kolleginnen usw. – Möglicherweise kann jemand Hinweise auf Förderer geben.

Grundsätzlich gilt: Mit der Suche lokal beginnen, bevor bundesweit aktive Stiftungen in Betracht gezogen werden, denn viele Stiftungen wirken gern vor Ort, überregional tätige sind meist stark nachgefragt. So lassen sich nach und nach relevante Stiftungen identifizieren. In diesem Stadium der Recherche sollte die Auswahl von Stiftungen eher breit angelegt sein. Man sollte eine Stiftung also auch bei unbestimmten Zweifeln so lange auf der Liste behalten, bis die weitere Recherche klare Argumente dagegen liefert.

Dritter Schritt: Die Liste verfeinern

Nun gilt es, Stiftung für Stiftung genauer zu betrachten. Dabei sind Rechercheschwerpunkte auf die Philosophie der jeweiligen Stiftung und die Intentionen des Stifters zu richten. Es sind zudem Details zu den Förderschwerpunkten, Auswahlkriterien und Erfordernissen zusammenzutragen. Die besten Informationsquellen sind meist die, die die Stiftungen selbst bereithalten, zum Beispiel Internetauftritt, Programmbroschüren, Newsletter, Pressemitteilungen, Bewerbungsrichtlinien, Formulare und Jahresberichte. Vieles lässt sich über das Internet erschließen, manches kann auch bei Stiftungen angefordert werden. Es empfiehlt sich auch herauszufinden, welche Projekte die Stiftung in jüngster Zeit gefördert hat, um einen Eindruck von der Art der unterstützten Organisationen und von der durchschnittlichen Dimension der Projekte zu gewinnen. Folgende Fragen sollte man sich in Bezug auf potenzielle Stiftungen stellen:

- Fördert die Stiftung in den finanziellen Dimensionen, die für das Projekt notwendig sind? (Bei einer kleinen Stiftung, deren Förderungen nie über 5.000 € liegen, macht es keinen Sinn 20.000 € zu beantragen. Ebenso macht es keinen Sinn bei einer großen Stiftung einen vergleichsweise kleinen Betrag anzufragen.)
- Erwartet die Stiftung Eigenmittel bzw. weitere Förderpartner? (Die überwiegende Zahl der Stiftungen fördert nicht 100% der Projektkosten und erwartet daher Finanzierungsbeiträge von anderer Seite. Manche legen aber auch gerade Wert darauf, Hauptförderer zu sein oder ein Projekt eventuell auch als alleiniger Förderer zu übernehmen. Die Haltung der jeweiligen Stiftung sollte herausgefunden werden.)
- Sind spezielle Antragsformulare notwendig oder wird der Antrag formlos gestellt?
- Soll ein umfassender Antrag eingereicht werden oder ist zunächst eine Kurzfassung gefragt?
- Sind die Adressdaten der Stiftung aktuell, vollständig und korrekt?

Die Beantwortung aller oben genannten Fragen ist Voraussetzung, um die Erfolgschancen einer Förderanfrage zu erhöhen. Vorab sollte der Großteil der Arbeit durch eigene Recherchen geklärt werden, erst dann ist der Kontakt zur Stiftung sinnvoll. Am Telefon können kurz und gezielt einzelne Fragen gestellt, jedoch nicht ein ganzer Fragenkatalog abgearbeitet werden. Viele Stiftungen stellen sehr klare und umfangreiche Informationen zur Verfügung, die die Recherche erleichtern. Anderen Stiftungen fehlt es an Transparenz, und es wird im Vorfeld nicht restlos zu klären sein, ob ein Antrag wirklich passend ist. Solche Streuverluste lassen sich bei der Fundraising-Arbeit nicht vermeiden. Stiftungen, die aber bereitwillig Auskunft über ihr Tun geben, sollten nur sehr zielgerichtet angeschrieben werden.

Vierter Schritt: Die Antragstellung

Basierend auf der intensiven Recherche sollten nun die drei bis fünf Stiftungen identifiziert worden sein, die am ehesten für eine Förderung des geplanten Projekts infrage kommen. Liegen die aktuellen Antragsrichtlinien und eventuell die erforderlichen Formulare vor? Wenn es einen bestimmten Ansprechpartner / eine bestimmte Ansprechpartnerin für die vorgesehene Förderanfrage gibt, sollten die zu erstellenden Unterlagen an ihn/sie gerichtet sein. Fundraising ist Chefsache, auch wenn es einen Fundraiser oder einen Projektleiter / eine Projektleiterin gibt, sollte der Förderantrag von der Geschäftsführung oder dem Vorstand unterzeichnet sein. Gefördert wird nicht das Antragspapier, sondern eine gute Idee, ein intelligent geplantes Projekt. Und auch die Personen, die dahinterstehen und denen man eine gute und effektive Projektrealisation zutraut, werden letztlich gefördert. Jeder Stiftungsantrag sollte maßgeschneidert für die jeweilige Stiftung sein. Massenaussendungen fallen in der Regel sofort auf und landen häufig gleich auf dem Stapel mit Absagen. Trotzdem gibt es einige grundlegende Regeln, die für alle Förderanträge zutreffend sind:

- prägnant, das heißt knapp und zutreffend schreiben
- zu viel Fachsprache vermeiden, einfache Erklärungen für erforderliche Spezialbegriffe geben
- präzise sein in dem, was erreicht werden soll und was bei der Stiftung beantragt wird
- Antrag logisch strukturieren und ein klares, gut zu lesendes Layout wählen

Es ist wichtig, im Laufe dieser Arbeit immer wieder sicherzustellen, dass man sich noch im Rahmen der formalen Vorgaben bewegt. Falls seitens der Stiftung für die Antragstellung keine Formulare erforderlich sind, kann die Struktur eines formlosen Förderantrages wie folgt aussehen:

Anschreiben

Das Anschreiben ist das erste Dokument, das die Stiftungsmitarbeitenden lesen, und es ist sehr häufig bereits ausschlaggebend, ob ein Projekt abgelehnt oder näher in Betracht gezogen wird. Es sollte präzise die Ziele des Projektes enthalten und klar formulieren, welche Unterstützung bei der Stiftung beantragt wird. Auch der angefragte Geldbetrag sollte hier genannt werden.

Titelseite

Die Titelseite des Antrages enthält alle wichtigen Details: die genaue Bezeichnung des Projekts (eventuell auch Untertitel und Förderzeitraum), Name und Adresse der Organisation einschließlich Ansprechpartner/Ansprechpartnerin und aller Kontaktdaten sowie das Datum. Bei umfangreichen Anträgen kann ein knapp gehaltenes Inhaltsverzeichnis hilfreich sein, um einen Überblick zu geben.

Zusammenfassung

In der Zusammenfassung werden die Hauptaspekte des Projektes knapp und prägnant aufgeführt. Hier kommt es auf eine kurze, aber überzeugende Darlegung an, die die Zielsetzung des Projektes und die angewandte Strategie sowie die Befähigung der Organisation aufzeigt. Da eine gute Zusammenfassung für stiftungsinterne Zwecke ausgesprochen praktisch ist, kann man damit punkten. Folgende Dinge sollten enthalten sein: Name des Projekts, Problemstellung, Zielgruppe, kurze Projektbeschreibung, Zielsetzung, Begünstigte, Ort und Dauer des Projektes, Personal, Budget, bereits vorhandene Finanzmittel, Förderbedarf, fachliche Qualifikation der Organisation für die Durchführung dieses Projektes.

Die Langfassung: Projektbeschreibung und Zielerreichung

Dieser Abschnitt soll dem Leser / der Leserin detailliert darlegen, was die Organisation tun wird, um das skizzierte Ziel zu erreichen und den identifizierten Bedarf zu decken. Das Vorgehen innerhalb des Projektes sollte dazu in Teilschritte untergliedert werden, die dem Ganzen eine Struktur und einen roten Faden geben. Es ist sinnvoll, auch Teilziele zu definieren, um ein komplexes Projekt handhabbar und bereits während der Laufzeit messbar zu machen. Manche Ziele sind schwer oder gar nicht messbar (z. B. Änderung von Einstellungen bei Personen). Hier handelt es sich um unspezifische, eher ideelle Aspekte, die man kaum belegen kann. Sehr genau sehen Stiftungen allerdings hin, wenn es um das Erreichen spezifischer, fühlbarer und messbarer Zielsetzungen geht (z. B. Einrichtung eines Jugendzentrums), das heißt um einen konkreten Output in einer bestimmten Zeitspanne, den man mit einem Förderantrag verspricht. Statistische Daten und Fakten können dies unterstreichen. Man darf nicht die Quellenangaben vergessen und sollte sicherstellen, dass die Daten korrekt sind. Zudem sollte man eine zeitliche Übersicht über den Projektverlauf geben: Welche Schritte werden wann durchgeführt? Hier sollte man realistisch sein und sorgfältig planen. Stiftungen erwarten, dass dieser Plan eingehalten wird. Er bietet dem Projektträger und der fördernden Stiftung im Projektverlauf eine Kontrolle über den jeweiligen Status des Projektes. Die Stiftung sollte informiert werden, wer die handelnden Personen in diesem Projekt sind, was sie besonders für diese Aufgabe qualifiziert, wie die Kompetenzen verteilt sind und wer die Gesamtverantwortung trägt. Evaluation von Projekten gewinnt zunehmend an Bedeutung und dient der fördernden Stiftung zur Erfolgsmessung ihrer Investition. Auch für die Projektverantwortlichen ist sie ein hilfreiches Analyseinstrument. Erwähnt werden sollte daher schon im Förderantrag, wie das Projekt evaluiert werden wird und wie die Dokumentation erfolgen soll.

Fünfter Schritt: Absenden und abwarten

Ob die Förderanfrage positiv oder negativ entschieden wird, liegt nach der Absendung der Unterlagen weitgehend außerhalb des Einflussbereiches des Antragstellers / der Antragstellerin; es sei denn, die Stiftung meldet sich zu einem Besuch an, bei dem die Projektverantwortlichen Gelegenheit haben, weiter zu überzeugen. Egal wie gut ein Projekt und ein Antrag sind, es kann viele stiftungsinterne Gründe geben, die letztendlich doch zu einer Absage führen, zum Beispiel ein erschöpftes Budget, eine Schwerpunktverlagerung, eine hohe und qualifizierte Konkurrenz von Förderanfragen usw. All das haben wir in der Geschichte der ['blu:boks] BERLIN des öfteren erlebt und waren ab und an auch entmutigt und frustriert. Und doch gilt: Mit einem so sorgfältig zugeschnittenen Antrag, wie er hier beschrieben wird, steigen die Chancen auf Förderung um ein Vielfaches. Wenn man an eine Stiftung herantritt, sollte die Organisation bereit sein, die Verantwortung für eine möglicherweise längerfristige Beziehung zu übernehmen, denn das Bewilligungsschreiben über eine Förderung ist nicht etwa das Ende des Prozesses, sondern erst der Anfang einer Kooperation. Dazu gehört eine turnusmäßige, effektive und fristgerechte Information gegenüber der Stiftung über den Fortgang des Projektes. Manche Stiftungen machen diesbezüglich konkrete Vorgaben. Wichtig ist auch, die Stiftung bei signifikanten Änderungen gegenüber den ursprünglichen Antragsunterlagen zu unterrichten. Selbstverständlich sind zum Beispiel rechtzeitige Einladungen zu wichtigen Veranstaltungen im Rahmen des Projektes. Die fortlaufende Kommunikation zwischen Gefördertem und Förderer kann über die Zeit zu einer professionellen Verbindung mit beiderseitigem Nutzen werden – schließlich liegen die Ziele beider Organisationen auf dem gleichen Gebiet. Ohne die finanzielle Unterstützung durch Stiftungen ist es aus meiner Sicht nicht möglich, eine größere und effektivere Arbeit aufzubauen. Zudem ist der Erkenntnisgewinn aus den Anträgen über die eigene Organisation eine Bereicherung in sich. Wenn zusätzlich die Unterstützung finanzieller Art hinzukommt, hat sich die Arbeit umso mehr gelohnt!

Anträge auf kommunaler, lokaler Ebene

Anerkannte Träger der freien Jugendhilfe nach § 75 KJHG SGB VIII haben gemäß § 74 zur Förderung der freien Jugendhilfe einen Anspruch auf öffentliche, staatliche Förderung. Je nach Gemeinde, Kreis oder Bezirk ist das Antragsprozedere different. Für Projekte, so wie es die ['blu:boks] BERLIN am Anfang war, kommen insbesondere Förderungen nach § 11 Jugendarbeit, § 13.1 Jugendsozialarbeit und § 16 Allgemeine Förderung der Erziehung in der Familie in Frage.

Die ['blu:boks] BERLIN hat in der Vergangenheit nicht davon profitieren können. Es ist ein langer, mühsamer Weg an die Gelder der öffentlichen Hand zu gelangen, die auch Personalkosten beinhalten. Am Anfang stehen auch hier die Netzwerkarbeit und die vielen Wege und Gespräche mit Jugendamt, Rathaus oder anderen Behörden und Ämtern. Oft sind es die gleichen Projekte und Träger, die seit Jahren Geld bekommen. Für neue Träger und Projekte entstehen selten Lücken. Kontaktarbeit, gute Anträge, ein professionelles Auftreten, juristische Vorarbeiten (welche Rechtsform hat das Projekt) und innovative Inhalte sind unerlässliche Meilensteine. Nur so kann sich die Möglichkeit ergeben, an freiwerdende öffentliche Gelder zu gelangen. Diese Förderung kann immer nur ein Teil der Finanzierung sein. Wer sich als freier Träger engagieren möchte, benötigt gleichzeitig Eigeninitiative, Spenden und Zuwendungen Dritter, um inhaltliche Akzente setzen und Angebotsvielfalt herstellen zu können.

Auf kommunaler, öffentlicher Ebene gibt es darüber hinaus vielerorts öffentliche Fonds, Stadtteilgelder und Sondermittel der politischen Fraktionen. Hier lohnt es sich, für Sachmittel oder kleinere Projekte mit einem finanziellen Umfang von maximal 1.000 Euro nach geeigneten Wegen Ausschau zu halten.

Unterstützung und Hilfe einholen

Wie bereits am Anfang erwähnt, taugen Erkenntnisse von der Stange nicht oder nur selten dazu, einem Projekt die nötige Finanzierung zu sichern. Jede Arbeit ist anders und verlangt aus diesem Grund maßgeschneiderte Konzepte. Die Firma „Social Head“ bietet und entwickelt passgenaue Fundraisingkonzepte für Start-Ups und kleinere Organisationen. Außerdem kann online eine Art Fundraisingausbildung gemacht werden, welche sich in die Startphase eines Projektes integrieren lässt und gerade für christliche, soziale Projekte passt (www.fundraiser-ausbildung.de).
Im Privatspenderbereich, im Sponsoring oder bei Firmenspenden wäre nun viel zu sagen. Da dieser Bereich nahezu endlose Informationsketten nach sich zieht, ist es ratsam, sich bei „Social Head“ oder ähnlichen Firmen beraten zu lassen. Das Ergebnis kann der eigenen Organisation oder dem Projekt zum nötigen Durchbruch verhelfen.
Zu Beginn meiner Arbeit ist es mir bei privaten Personen sehr schwer gefallen, um Spenden und um Unterstützung für die ['blu:boks] BERLIN zu bitten. Ich fühlte mich unwohl und dachte, es sei den Menschen, die ich gefragt habe, ebenfalls peinlich. Das allerdings war ein Trugschluss. Menschen wollen spenden. Sie wollen auch nach Spenden gefragt werden. Ein Freund sagte mir: „Ich habe erst durch euren Newsletter erfahren, dass ihr finanzielle Probleme habt. Warum hast du mir nichts davon erzählt? Wenn ich nicht weiß, was ihr braucht, dann kann ich auch nichts geben!“ Er hatte recht: Wir werden sozial-

kulturelle Arbeit, wie beispielsweise die ['blu:boks] BERLIN, nie ohne Spenden durchführen können. Wir brauchen Menschen an unserer Seite, die sich als Partner/Partnerinnen und Unterstützer/Unterstützerinnen finanziell engagieren. Und weil es in der Natur der Sache einer sozialen Arbeit liegt, sollte man in einer überzeugenden Selbstverständlichkeit andere Menschen ansprechen, die Last der Arbeit mitzutragen. Spenden für die eigene Arbeit und Spenden für die ['blu:boks] BERLIN sind notwendig. Denn sie wenden die Not.
Im Newsletter der Jugendeinrichtung wird zudem für Privatspender/Privatspenderinnen und Unterstützer/Unterstützerinnen regelmäßig ersichtlich gemacht, wohin ihre Spenden gehen werden.

Beispiel aus dem Newsletter Dezember 2015

Warum sich spenden lohnt

Die ['blu:boks] BERLIN lebt zu 100% von Spenden und Förderungen durch Stiftungen. Doch warum sollten Sie an die ['blu:boks] BERLIN spenden? Hier fünf Gründe, warum das unbedingt Sinn macht:

Grund 1: Wir gehen vertrauensvoll mit Ihrer Spende um!
Die Personalkosten werden zum größten Teil von Förderungen abgedeckt, sodass Ihre Spende direkt bei den Kindern ankommt!

Grund 2: Wir können beweisen, dass unsere Arbeit funktioniert!
Wir stecken viel Zeit in die Evaluation und Auswertung unserer Arbeit und verbessern diese fortlaufend. 2015 haben wir fast 2.000 Angebotsstunden umgesetzt – mit großer Wirkung: Steigerung der sozialen Kompetenz; Jugendliche haben sich in der Schule verbessert; Jugendliche sind in einem festen Ausbildungsverhältnis usw. Aber vor allem: Junge Menschen beginnen, an sich zu glauben und haben eine hoffnungsvolle Perspektive für ihre Zukunft!

Grund 3: Wir erreichen viele Familien und Eltern unserer Kinder!
Die Werte der ['blu:boks] BERLIN strahlen in viele Familien hinein und verändern deren Dynamik zum Positiven hin!

Grund 4: Wir arbeiten nicht an den Symptomen, sondern an den Ursachen!
Unsere Programme zielen nicht darauf ab, in erster Linie Essen oder Kleidung zu verteilen, sondern wir leisten Hilfe zur Selbsthilfe. Wer die ['blu:boks] BERLIN durchläuft, hat gelernt, in diesem Leben zurechtzukommen und auf eigenen Füßen zu stehen!

Grund 5: Wenn Sie geben, werden nicht nur unsere Kinder glücklich, sondern Sie auch!
Geben macht Sinn. Sie werden durch Ihre Spende Teil einer großen Familie, der ['blu:boks] Familie! Sie können uns gerne besuchen, um sich davon zu überzeugen, was aus Ihrem Geld geworden ist. Ein Blick in diese Kinderaugen und Sie werden glücklich, weil Sie wissen können, dass Sie mit Ihrer Spende diese Arbeit ermöglichen!

4.10 Dokumentation

Für eine junge Einrichtung und Projekte ist es sehr zu empfehlen, von Anfang an viel Arbeit in die Dokumentation zu investieren. Dabei sind neben den vorab erwähnten Evaluationsbögen und Workshop-Plänen auch die Geschichte, Zahlen und Fakten zu protokollieren. Im Arbeitsalltag geht dies oftmals unter und kann im Nachhinein nicht mehr unverfälscht aufgearbeitet werden.
Die ['blu:boks] BERLIN hat eine digitale Ablage in ihrem Officezugang hinterlegt, in der alle Mitarbeitenden ihre Arbeitsdokumente und Ausarbeitungen hinterlegen können. So werden auch Fotos und Videomaterial gesammelt. Zudem werden Schriftverkehr und Bestelllisten sowie Anträge und Verträge in Papierform abgeheftet.

Besonders wichtig ist es, Folgendes gut zu dokumentieren:

- Protokolle von Sitzungen und Gesprächen mit Mitarbeitenden
- Kontoführung (Spendeneingänge, Abrechnungen usw.)
- Anträge für Förderungen
- Verträge (Verträge mit Mitarbeitenden, Mietverträge usw.)
- Schriftverkehr mit Ämtern, Eltern, Teilnehmenden, Stiftungen, Spendern/Spenderinnen, Paten/Patinnen usw.
- Publikationen (Flyer, Informationen an Eltern und Teilnehmende, Pressematerial usw.)
- Kontaktadressen (Teilnehmende, Mitarbeitende, Spender/Spenderinnen, Stiftungen, Ansprechpartner/Ansprechpartnerinnen usw.)
- Bestell- und Materiallisten
- Dienstpläne und Arbeitsplatzbeschreibungen
- Foto- und Videomaterial

4.11 Öffentlichkeitsarbeit

Mehrmals im Jahr versendet die ['blu:boks] BERLIN (digital und per Post) einen Newsletter mit aktuellen Informationen und Entwicklungen an die Spender/Spenderinnen, Sponsoren/Sponsorinnen und Interessenten/Interessentinnen der Arbeit. Eine lokale Einrichtung, die durch Spenden finanziert wird, braucht den intensiven Kontakt zu Förderern/Förderinnen und Unterstützern/Unterstützerinnen, gerade wenn sie bundesweit und auf das deutschsprachige Ausland verteilt sind. Wer nicht vor Ort sein kann, dem muss es auf anderem Weg ermöglicht werden, Teil der Geschichte der unterstützten Arbeit zu sein.
Im Gegenzug ist dies aber auch für die jeweilige Einrichtung eine Chance, Feedback zu bekommen. Ihre Partner und Partnerinnen können so spiegeln, wie die Arbeit nach außen wirkt. (Was kommt „draußen" an? Was sollte besonders hervorgehoben werden? Werden Fehlentwicklungen für die Unterstützer/Unterstützerinnen ersichtlich?)
In den letzten Jahren gab es mehrere Zeitungsartikel und Fernsehbeiträge über die Arbeit und ihre öffentlichen Produktionen. Auch das spielt eine enorm wichtige Rolle für das Bekanntwerden einer jungen Organisation. Neben der Werbung um potenzielle Unterstützer/Unterstützerinnen, ist es nicht zu unterschätzen, dass öffentliche Wahrnehmung auch immer Seriosität und Glaubwürdigkeit mit sich bringt.
Von Beginn an ist es wichtig, auch gerade in der Onlinewelt vertreten zu sein. Eine eigene Homepage ist von großer Bedeutung in der Öffentlichkeitsarbeit. Sie ist oft der erste Informationsgeber für Interessenten und Interessentinnen. Die ['blu:boks] BERLIN ist zudem auch auf allen wichtigen Social-Media-Plattformen vertreten. Auf Facebook gibt es eine öffentliche Seite für schnell zu verbreitende Informationen und Austausch. Es gibt zudem eine geschützte Plattform für die älteren Teilnehmenden, auf der sie sich austauschen können und interne Informationen erhalten. Auch über den eigenen YouTube-Kanal sowie Twitter, Flickr und Instagram werden neue Videos und Dokumentationen veröffentlicht.

Merchandise T-Shirt

4.12 Denkanstöße

Egal wie groß oder klein Ihr Projekt ausfallen wird: Diese Fragen sollen für Sie eine wegweisende Hilfe für die Umsetzung Ihrer Planung sein. Nehmen Sie sich daher genug Zeit, Ihre Antworten aufzuschreiben und/oder mit Freunden und Freundinnen zu diskutieren

- Die Implementierung welcher Strukturen ist Ihrer Meinung nach unablässig für eine erfolgreiche Kinder- und Jugendeinrichtung?
- Was zeichnet Ihrer Meinung nach einen guten Führungs- und Leitungsstil aus?
- Welcher Kommunikationsstrategie und welchen Laufwegen sollten die Mitarbeitenden für eine reibungslose Zusammenarbeit folgen?
- Haben Sie Anforderungsprofile an Ihre jeweiligen Mitarbeitenden? Welche Stärken und Begabungen sind unerlässlich?
- Welche konkreten Angebote wollen Sie in ihrem Projekt umsetzen und was benötigen Sie alles dafür?
- Welche Form der Nachbereitung (Feedback) findet sich in Ihrer Arbeit wieder? Werden alle Beteiligten gehört?
- Welche tatsächlichen Anforderungen haben Sie an die Räumlichkeiten Ihrer Einrichtung / Ihres Projektes? Wo können Sie Abstriche machen und wo nicht?
- Wie ist der Finanzierungsplan Ihrer Einrichtung / Ihres Projektes? Haben Sie fachliche Unterstützung für Sponsorensuche und Fundraising? Welche Stiftungen passen zu Ihrem Profil?
- Haben Sie ein Dokumentationssystem? Welche Informationen sollen hinterlegt werden?
- Wie möchten Sie Ihre Arbeit öffentlich präsentieren? Welche Kommunikationsstrategie nach außen ist die effektivste für Ihre Einrichtung / Ihr Projekt?
- Welche Schlussfolgerungen ergeben sich für Ihre Arbeit aus den Erkenntnissen dieses Kapitels?

4.13 Erlebnisbericht

Im dritten Jahr der Arbeit kam der 11-jährige **Lars** in den Tanzworkshop. Er fing sofort an, kaum da er zur Tür hereinkam, sich wie ein Hund zu benehmen. Lars bellte, hechelte und knurrte und sprang Teilnehmende und Mitarbeitende an. Viele der bisherigen Teilnehmenden kannten den Jungen bereits aus ihrer Schule und vom Spielplatz und baten die Mitarbeitenden, Lars nicht aufzunehmen. Sie berichteten zudem davon, dass selbst die Lehrerschaft der Schule den Jungen mied. Von seinen Klassenkameraden wurde er stets als „ADS-Opfer" betitelt und gemobbt. Dennoch entschieden sich die Leitung des Tanzworkshops und der zuständige Lifecoach dazu, Lars immer willkommen zu heißen. Lars hatte es anfangs nicht leicht in der ['blu:boks] BERLIN, denn die Teilnehmenden waren schnell von seiner Art genervt und drückten dies unmissverständlich aus. Auch die Mitarbeitenden konnten anfangs nicht problemlos damit umgehen, dass er sich nur als Hund präsentierte. Wochenlang bellte, knurrte und robbte Lars im Workshop herum und störte. Er wurde immer wieder aus den Workshops herausgenommen, ein Lifecoach sprach einfühlsam und interessiert mit ihm, aber Lars weigerte sich zu antworten. Er bellte, winselte und rannte auf allen Vieren durch den Raum. Viele Gespräche und Beratungen wurden intern und extern mit den Mitarbeitenden geführt. Ein externer Lifecoach-Supervisor riet dazu, Lars vorerst als Hund ernst zu nehmen. Die Mitarbeitenden im Workshop sollten ihn weiter bellen lassen. Dies wurde umgesetzt und nach einiger Zeit wurde Lars mitgeteilt, dass während der Workshopzeit aber Hunde draußen bleiben müssten. Das nächste Mal kam Lars als Lars in die Einrichtung. Er bellte nicht mehr, stand aufrecht und war einfach ein typischer 11-jähriger Junge. Lars berichtete dem zuständigen Lifecoach später, dass sein Hund vor sieben Wochen gestorben sei. Der Hund war sein bester Freund gewesen. Lars erklärte weiter, dass er mit seiner Mutter und seiner Schwester, die von Geburt an blind sei, zusammenwohne. Sein Vater säße im Gefängnis. Aufgrund der Behinderung seiner Schwester habe seine Mutter kaum Zeit für Lars, umso mehr habe Lars sich mit dem Hund beschäftigt. Lars erzählte viel, weinte und öffnete sich immer mehr.

Heute ist Lars ein Teenager, der immer noch regelmäßig in die ['blu:boks] BERLIN kommt. Er hat es nach wie vor nicht leicht im Leben. Dennoch hat Lars mit seinen inzwischen fünfzehn Jahren bei der letzten Kinderkonferenz als Mini-Mitarbeiter für die jüngeren Teilnehmenden ausgeholfen. Er ist jetzt Teil des Musikworkshops und tritt regelmäßig mit Rap auf der Bühne auf. Lars hat Freunde gefunden, ist selbstbewusst und hat ein Herz aus Gold. Viele der jüngeren Teilnehmenden schauen zu ihm als Vorbild im Umgang mit Menschen auf. Zu seinem Lifecoach hat Lars kürzlich gesagt: „Ich weiß einfach, egal was für einen Mist ich baue oder wie schlecht es mir auch geht, die ['blu:boks] hat mich lieb. Und ich die ['blu:boks]."

Von der PRAXIS LERNEN

5. Welche Zwischenbilanz zieht die ['blu:boks] BERLIN?

5.1 Erfolge und Niederlagen

Der Feier zum siebenjährigen Bestehen der ['blu:boks] BERLIN im September 2016 ging eine weitere große Veränderung voraus: Das ['blu:boks] Familien- und Bildungszentrum wurde im April 2016 eröffnet. Das Zentrum beherbergt im gleichen Sozialraum die geschilderte sozial-kulturelle Kinder- und Jugendeinrichtung und wurde um eine Kindertagesstätte nach diesem Vorbild erweitert. Zudem wurde die Elternarbeit, die Nachbarschafts- und Seniorenarbeit sowie ein Eventbereich ins Leben gerufen. Zusätzlich wurde ein Café als Begegnungsstätte im Zentrum eröffnet. Eine Weiterbildungsakademie und ein Kompetenzzentrum sind in Planung.

Wie kann es sein, dass manche junge Menschen trotz Armut, Arbeitslosigkeit der Eltern, Gewalterfahrungen und schlechten sozialen Rahmenbedingungen ihren Weg durchs Leben mutig beschreiten? Mit diesen Fragen beschäftigen sich die Mitarbeitenden der ['blu:boks] BERLIN stetig. Es ist zu beobachten, dass fast alle Kinder, die regelmäßig die Angebote der ['blu:boks] BERLIN besuchen, in den vergangenen sieben Jahren eine erstaunliche Entwicklung gemacht haben.

Bei einigen Kindern und Jugendlichen ist ein gravierender Leistungsanstieg in der Schule zu beobachten. Bei anderen fallen vor allem die Entwicklung der sozialen Kompetenzen und der Kommunikationsfähigkeit auf, die sich in stark abnehmender Gewaltbereitschaft zeigen. Wieder andere Kinder konnten mit gezieltem Coaching ihre Opferrolle verlassen und sind keinen Mobbingattacken mehr ausgesetzt, sorgen sogar dafür, dass andere vor Mobbing geschützt werden. Konfliktgräben in Familien konnten überwunden werden und an die Stelle von Hass und Schweigen treten Kommunikation und Bereitschaft zur Vergebung. Immer wieder werden die Mitarbeitenden von den Eltern und Erziehungsberechtigten um Rat gefragt, wenn es Spannungen in der Familie gibt. Drogen- und Alkoholmissbrauch tritt bei den älteren Teilnehmenden im Vergleich zu anderen Gleichaltrigen so gut wie gar nicht auf, da sie ihr Alltag in der ['blu:boks] BERLIN erfüllt und stark macht. Von der ästhetischen Bildung haben inzwischen mehr als hundert junge Menschen enorm profitiert. Die Vision, die Teilnehmenden zu selbstbewussten Führungspersönlichkeiten zu machen, damit diese in ihrem Umfeld Verantwortung übernehmen und so zu hoffnungsvollen Mitgestaltenden dieser Gesellschaft werden, wird Realität. Bereits fünf ehemalige Teilnehmende aus zum Teil hoffnungslos erscheinenden sozialen Hintergründen sind inzwischen Mitarbeitende im Team. Die ['blu:boks] BERLIN macht junge Menschen stark.

Doch natürlich ist die Jugendeinrichtung nicht perfekt. Viele Rückschläge und Hürden mussten in den bisherigen Jahren überwunden werden. Oft stand die Einrichtung kurz vor der Schließung, da finanzielle Ressourcen ausliefen und wegfielen. Jede große Bühnenproduktion war ein Mammutprojekt für die kleine Einrichtung, und oft war bis kurz vor dem Auftritt nicht klar, ob überhaupt Zuschauer und Zuschauerinnen kommen würden, geschweige denn die Darsteller und Darstellerinnen wirklich auftauchen. Wo Menschen im Team zusammenarbeiten, kommt es zu Konflikten. Auch hier wurden in den Jahren einige Enttäuschungen erlebt und Wege trennten sich. Manche Teilnehmenden konnten, trotz großem Engagement, nicht für die Arbeit begeistert werden und blieben weg. Wegen Umbaumaßnahmen und durch überraschende Kündigungen des Mietvertrages, musste die Einrichtung mehrfach ihre Räumlichkeiten aufgeben und neue passende Räume im direkten Umfeld suchen. Das zehrte an den Kräften und brachte neue Herausforderungen mit sich, die alle Beteiligten manchmal bis an die Belastungsgrenzen führten. Vielfach wurden auch in der ['blu:boks] BERLIN Niederlagen sehr schmerzlich wahrgenommen und Misserfolge führten zu Unmut.

Zweifel und Ungewissheit sind ständiger Begleiter einer sozial-kulturellen Arbeit. Die Herausforderung ist es, auch bei Rückschlägen positiv und voller Vertrauen nach vorn zu gehen. So wie an die Kinder und Jugendlichen geglaubt wird, so sollte auch die Arbeit in hoffnungsvoller Weise gelebt werden.

Um neue Projekte, egal wie groß oder klein sie sein mögen, auf dem Weg zur erfolgreichen Arbeit zu helfen, werden im Folgenden die fünf größten Stolpersteine aus der Erfahrung der ['blu:boks] BERLIN aufgezeigt und hilfreiche Tipps zur Umgehung dieser Hürden gegeben.

5.2 Fünf Stolpersteine auf dem Weg zum Erfolg

Erster Stolperstein: in der Gründungsphase zu früh aufgeben
Gerade in der Gründungs- und Startphase kommt es zu Rückschlägen. Türen schließen sich, statt sich zu öffnen, Menschen sagen, dass das Projekt nicht erfolgreich sein wird, Missgunst und Neid säumen die Bemühungen. Viele Gründer und Gründerinnen geben in dieser Phase zu schnell auf. Nur wer seinen Weg Schritt für Schritt geht, wer sich nicht beirren lässt und kreativ auf die Herausforderungen reagiert, hat auch eine Chance auf Erfolg. Gerade am Anfang braucht man einen langen Atem und den Glauben an das Gelingen des Projektes.

Zweiter Stolperstein: nicht rechtzeitig über die eigene Vision sprechen und zu spät Netzwerke bilden
Noch bevor der erste Mitarbeiter / die erste Mitarbeiterin dabei ist, noch bevor der erste Teilnehmer / die erste Teilnehmerin in das Projekt kommt, noch bevor der erste Euro an Spenden eingegangen ist, sollte man schon über seine Vision zu allen möglichen und unmöglichen Anlässen sprechen. In der Marketingsprache übersetzt heißt es: Man sollte am Anfang nicht das Steak verkaufen, sondern das Zischen des Fleisches auf dem Grill. Dann läuft dem Kunden das Wasser im Mund zusammen und er ist bereit, einen weiten Weg mit dir zu gehen! Übertragen auf die Gründung eines Projektes bedeutet das: Es müssen noch keine Fakten geschaffen sein. Aber man sollte Menschen von der eigenen Vision begeistern und eine möglichst große Koalition aufbauen, die einen unterstützt und das Anliegen mitträgt. Dieses Netzwerk ist von enormer Wichtigkeit für die Umsetzungsphase der Vision. Viele fangen erst mit dieser Lobbyarbeit an, wenn die Arbeit schon begonnen hat. Bei diesen Menschen kommt es oft dazu, dass sie arbeitsmäßig überfordert sind und beides, das Bilden eines tragfähigen Netzwerkes und die Umsetzung der Arbeit vor Ort, nicht leisten können.

Dritter Stolperstein: die Zusammenstellung des richtigen Teams nicht beachten
Gerade zu Beginn einer Arbeit sollte man ein Team um sich formieren, das nicht nur an die Vision, sondern auch an den Visionär oder die Visionärin glaubt. Am Anfang eines Projektes ist zudem ein flacher, demokratischer Leitungsstil erforderlich. Das Ziel der Arbeit wird vom gesamten Team verkörpert und gelebt, der/die Leitende wird im optimalen Fall in die Lage versetzt, die eigenen Stärken voll zur Geltung kommen zu lassen. Die Defizite und Schwächen des/der Leitenden sollten vom restlichen Team aufgefangen und in konstruktiver Art und Weise ergänzt werden. Oft kommt es hier zu Kompetenzgerangel und kontraproduktiven Grabenkämpfen, mit denen man gut umgehen muss. Aus diesem Grund ist es unabdingbar, sehr viel Zeit und Sorgfalt auf das Team zu verwenden.

Vierter Stolperstein: sich von mangelnden finanziellen Ressourcen entmutigen lassen

Es ist sehr schwierig, Unterstützer/Unterstützerinnen und Förderer/Förderinnen für eine noch nicht gestartete Arbeit zu finden. Schließlich kann man noch nichts vorweisen, und man lebt von der eigenen Integrität und Glaubwürdigkeit! An dieser Stelle heißt es, sich nicht beirren zu lassen. Steter Tropfen höhlt den Stein! Die Frage ist lediglich wann das erste Geld kommt – und nicht ob! Es ist zu empfehlen, sich frühzeitig finanzielle Beratung zu suchen und auch außerhalb bestehender Muster zu denken.

Fünfter Stolperstein: auf Hindernisse schauen, anstatt groß zu denken

Trauen Sie sich von Anfang an zu, groß zu denken. Kleiner wird die Idee von allein! Interessant ist in diesem Zusammenhang, dass Spender/Spenderinnen und Unterstützer/Unterstützerinnen eher bereit sind, eine „große", gut durchdachte Idee zu fördern, als eine kleine „Allerweltsidee". Der sogenannte USP, der „unique selling point", ist hierbei von entscheidender Bedeutung. Was macht das eigene Projekt zu etwas Außergewöhnlichem? Warum sollte jemand seine Finanzen in diese Idee investieren?

Die Vorbereitung der ['blu:boks] BERLIN hat mit vielen Umwegen und Irrwegen drei Jahre gedauert. An dieser Relation lässt sich ablesen, in welchem Verhältnis Aufwand und das zu erwartende Resultat stehen. 95% aller gestarteten Projekte kranken genau an dieser Stelle! Es wurde am Anfang zu wenig Vorarbeit geleistet. Hier lauert eine große Gefahr für die erfolgreiche Umsetzung.

5.3 Erfahrungen aus den Bühnenproduktionen

Bereits im zweiten Jahr der Einrichtung wurden die Teilnehmenden auf eine bevorstehende Bühnenproduktion vorbereitet. Die große Aufgabe bestand darin, auf der einen Seite eine professionelle und anspruchsvolle Produktion auf die Bühne zu bringen und andererseits darin, die Kinder und Jugendlichen in ihrer jeweiligen Situation wahrzunehmen und nicht zu überfordern. Dies gelang teilweise sehr gut, bei manchen Teilnehmenden aber auch weniger gut. Vor allem die jüngeren Kinder spiegelten anschließend einen stark empfundenen Druck während der Produktionszeit. Folgende drei Punkte konnten mithilfe eines Feedbacks der Teilnehmenden nach der ersten Produktion festgehalten werden:

Der Weg ist das Ziel – Der Großteil lernte das Wichtigste auf dem Weg zur Produktion

- Es ist herausfordernd, auf ein größeres Ziel hinzuarbeiten und ein Ziel im Blick zu behalten.
- Es ist schwierig, im Team mit anderen auf ein Ergebnis hinzuarbeiten und erfolgreich umzusetzen.
- Vertrauen in den Bühnenpartner / die Bühnenpartnerin und die Mitarbeitenden vor und hinter der Bühne muss erlernt werden.
- Es ist schwerer als man denkt, Probleme und Unzufriedenheit auszuhalten und nicht gleich aufzugeben.
- Es begeistert, an sich Talente und Eigenschaften zu entdecken, die man sich vorher selbst nicht zugetraut hätte.

Für manche Teilnehmende ist der Druck zu groß

- Die regelmäßigen Proben und die Zusatzproben sowie das straffe Programm überfordern manche.
- Dem hohen Anspruch fühlen sich einige, trotz der Bestärkung durch Mitarbeitende und angebotene Hilfe, nicht gewachsen.
- Private Konflikte und Schulstress können durch zusätzliche Aufgaben im Workshop und die Auftritte weniger verarbeitet werden.
- Einige sehen sich noch nicht bereit, vor einem öffentlichen Publikum aufzutreten.

Da diese Tendenz bei einigen Teilnehmenden schon während der Produktionsproben erkannt wurde, gab es ein Parallelangebot ohne Aufführungsdruck an einem anderen Tag. Diese Teilnehmenden durften freiwillig das Abschlusslied der Produktion auf der Bühne mit allen zusammen mitsingen und somit genauso Teil der ersten großen Produktion sein.

Erfolge sollte man immer feiern

- Es bedeutet den Teilnehmenden sehr viel, dass auch kleine Schritte ehrlich gelobt wurden und sie Anerkennung erhielten.

- Teilnehmende beschreiben den Moment, auf einer Bühne für eine eigene Leistung tosenden Applaus zu bekommen, die hart erarbeitet wurde, als „unvergesslich“ und „atemberaubend“.
- Teil einer professionellen und auf sie zugeschnittenen Produktion zu sein, macht viele Teilnehmende stolz. Sie wünschen sich eine weitere Aufführung dieser Produktion.

Sechs Monate später fand die Wiederaufnahme der Produktion statt. Das Gelernte aus dem Feedback der Kinder und Jugendlichen konnte aufgegriffen werden, sodass eine deutliche Steigerung der Freude und Erfolge zu spüren war.

Ein Erlebnisbericht von einer Mitarbeiterin im Tanzworkshop

Die erste große Produktion 2011 im Tempodrom war das Stück „Zeig was Du kannst“. Lampenfieber pur bei den Kids. Sie hatten zuvor nur einmal die Gelegenheit, auf der großen Bühne zu stehen, als wir das Tempodrom mit ihnen besichtigten, also noch ohne Publikum. Nun, am Premierentag, ging es ihnen schlecht, sie wollten gar nicht auf die Bühne. Die Mitarbeitenden waren nervös. Zum ersten Mal spürten alle richtiges Lampenfieber.

Wir haben den Kindern vorab versprochen, sie bekommen am Ende des Theaterstückes Applaus. Aber sie hatten Probleme, uns das zu glauben. Sie fühlten sich nicht gut genug. Teilweise wollten ihre Eltern gar nicht kommen, um sie zu sehen. Warum sollten dann fremde Menschen zuschauen und sogar noch klatschen, das wollten sie mir nicht glauben.

Für die erste Szene liefen die Kinder auf die Bühne. Direkt nach der Szene überraschte sie ein riesiger Applaus, ein Zwischenapplaus! Als die Kinder in den hinteren Bühnenbereich kamen, waren sie überglücklich und riefen: „Hast du gehört, wir haben jetzt schon einen Applaus bekommen, der Applaus war nur für uns gewesen, für unsere Szene!“ Es hat die Kids enorm gestärkt, dass sie ihren persönlichen Applaus bekommen haben. Das Ziel ist erreicht, dieser Applaus wurde gehört und sehr freudig angenommen, und er ist bis heute sichtbar in den Gesichtern, wenn sie sich daran erinnern oder einem/einer neuen Teilnehmenden davon berichten, wie schön es ist, auf der Bühne zu stehen und einen Applaus zu bekommen.

5.4 Erlebnisberichte

... von Eltern

Zur Feier des fünfjährigen Bestehens der ['blu:boks] BERLIN wurden Eltern und Erziehungsberechtigte der Teilnehmenden über ihre Sichtweise und Erfahrung der letzten Jahre interviewt. Im Folgenden werden drei Interviews wiedergegeben, da sie einen guten Einblick in die Erlebniswelt der Eltern bieten.

Interview mit Peggy K., Mutter von vier Teilnehmenden

Was glaubst du, hat die Arbeit der ['blu:boks] BERLIN bei den Kindern bewirkt?
Die Kinder sind sehr viel selbstständiger geworden, sie sind selbstbewusster geworden, haben viel mehr Freude am Leben, haben Ideen für die Zukunft.

Was findest du an der ['blu:boks] BERLIN besonders gut?
Mittlerweile habe ich vier Kinder hier bei der ['blu:boks]. An der ['blu:boks] finde ich besonders gut, dass sie immer hierher kommen können, mit jedem Wehwehchen, mit jedem Problem. Hier ihre Freizeit verbringen können. Sich eigentlich immer drauf freuen können, wann wieder die nächste ['blu:boks] ist und die Mitarbeiter sind echt total dufte.

Was wäre, wenn es uns nicht mehr gäbe?
Wäre ich um einiges trauriger, und eigentlich finde ich schon, dass solche Projekte auch in anderen Bezirken sein müssten, weil es so viele Kinder gibt, die mitunter keine Perspektive haben und die gerne vielleicht auch an so etwas teilnehmen würden.

Wofür bist du besonders dankbar?
Ich bin der ['blu:boks] dankbar dafür, dass sie immer da sind, immer ein offenes Ohr haben, wenn man ein Problem hat, und ja, eigentlich dafür, dass sie immer da sind.

Was wünschst du uns für die nächsten fünf Jahre?
Dass noch viele Kinder kommen und viele Kinder hier glücklich sein können und dass sie viel mehr Unterstützung bekommen, damit sie weiterhin noch so eine gute Arbeit machen können.

Welche Wünsche hast du für dein Kind und wie könnten wir dabei helfen, diese wahr werden zu lassen?
Meine Kinder, ich bin Mutter von fünf Kindern, sind hier glücklich und sind hier auch gerne. Ich wünsche mir für die Zukunft, dass sie natürlich auch glücklich, gesund bleiben, ihre Zukunft so gestalten, wie sie sich das vorstellen und ihren Weg gehen. Und von der ['blu:boks], ihr habt ja schon oft genug mitbekommen, wir haben einige Schwierigkeiten. Wir konnten dann mit der ['blu:boks] reden und sie haben uns Tipps gegeben, und die sind, glaube ich, wichtig. Und so haben die Eltern einen Ansprechpartner.

Interview: Daniela L., Mutter von vier Teilnehmenden

Was glaubst du, hat die Arbeit der ['blu:boks] BERLIN bei deinen Kindern bewirkt?
Selbstständige Kinder. Also sie sind selbstständiger geworden, erfahrener und mutiger.

Was findest du an der ['blu:boks] BERLIN besonders gut?
Die Freizeitgestaltung. Dass die Kinder nicht wissen, was sie sonst machen sollten und nur auf der Straße abhängen, sondern dass sie gut aufgehoben sind.

Was war in den letzten fünf Jahren ein Highlight für dich?
Die zwei Aufführungen. Also, ich hätte es nie für möglich gehalten, dass mein Sohn nach all den Jahren so selbstbewusst auftreten kann. Wir hatten wirklich damals Kämpfe gehabt mit ihm, dass es was wird.

Was wünschst du uns für die nächsten fünf Jahre?
Dass alle die Wünsche in Erfüllung gehen. Und dass sie nicht nur fünf, sondern fünfzig Jahre erhalten bleibt. Dass vielleicht unsere Urenkel noch hierherkommen können.

Interview: Yvonne D., Mutter von einer Teilnehmenden

Was glaubst du, hat die Arbeit der ['blu:boks] BERLIN bei deinem Kind bewirkt?
Meine Tochter ist viel selbstständiger geworden. Und viel offener. Sie war eigentlich schon immer so, hat gerne getanzt, als sie ganz klein war. Das war das Beste, was uns passieren konnte, dass wir die ['blu:boks] entdeckt haben. Das war so toll, und sie liebt die ['blu:boks]. Sie liebt die Mitarbeiter hier und die Workshops, die sie macht. Und sie ist einfach viel offener geworden und lernt hier auch viel.

Was findest du an der ['blu:boks] BERLIN besonders gut?
Ich finde hier besonders gut, dass die Kinder mit Respekt behandelt werden und mit Liebe, das merkt man. Und wie das hier alles geführt wird, das hat mich schon sehr berührt, als ich das erste Mal hier war, weil ich als Kind auch gerne so etwas erlebt hätte. Das hätte ich mir so gewünscht.

Was war in den letzten fünf Jahren ein Highlight für dich bzw. für dein Kind?
Also ich fand ganz toll, wo meine Tochter aufgetreten ist, im Tempodrom. Und das war überhaupt das Highlight, das fand ich ganz toll. Wie alles aufgezogen war, und was ihr euch für Mühe gegeben habt. Wie jeder Einzelne sein Bestes gegeben hat, das fand ich sensationell.

Was wäre, wenn es uns nicht mehr gäbe?
Das wäre sehr traurig für meine Tochter. Und für mich wäre es auch sehr traurig, weil es auch schön ist, dass sie umsonst hierherkommen kann. Meine finanziellen Möglichkeiten sind leider nicht so, dass ich sie in irgendeinen Verein oder so stecken kann und hier hat sie alles. Ja, und ihr würdet mir auch sehr fehlen.

Warum sollten Leute für die ['blu:boks] BERLIN spenden?

Weil es wichtig ist, Kinder zu fördern. Weil es wichtig ist, Kindern Halt zu geben in dieser Welt, die so kalt geworden ist und gerade die Kinder, die aus der sozial schwachen Gesellschaft kommen, sollen ein bisschen Vertrauen in die Welt haben, und das bekommen sie hier. Und ich finde das viel wert, weil es wenig solche Orte in unserer Welt gibt.

Welche Wünsche hast du für dein Kind, und wie könnten wir dabei helfen, diese wahr werden zu lassen?

Also ich finde es schon mal ganz toll, dass sie hierherkommen kann, weil sie dann ein Ziel hat. Gerade die Workshops, wie Multimedia, das fördert die Bildung und sie kann hier auch schauspielern. Sie mag das von ganzem Herzen, und das ist wichtig, dass sie etwas hat, das sie liebt und dass sie nicht auf der Straße herumlungert und mit falschen Leuten in Kontakt kommt. Weil es ist hier eine ganz schön heikle Gegend. Wenn sie dann bald in die Pubertät kommt, dass sie hier gut aufgefangen ist. Da bin ich sicher, das wird so sein.

... von Mitarbeitenden

Eine Begegnung mit einem Kind oder einem/einer Jugendlichen, die mich bewegt hat

Es hat mich persönlich sehr gefreut, Ali über die Jahre zu begleiten und zu betreuen. Zu sehen, dass das Konzept der ['blu:boks] BERLIN von Wertschätzung, Annahme und Beziehungsarbeit funktioniert, gibt mir jeden Tag richtig viel Energie für die Arbeit. Besonders schön fand ich, wenn Ali mir Videos geschickt hat, in denen er sich beim Üben von neuen Rap-Texten gefilmt hat. Die sozialen Kompetenzen, die er in der ['blu:boks] gelernt hat, konnte Ali in seinen Schulpraktika gewinnbringend einsetzen. Die größte Freude aber habe ich darüber, dass er nun seit einigen Monaten in einer Berufsausbildung als Maler und Lackierer ist, die er motiviert angeht. Bei Ali ist das Konzept voll aufgegangen: Wir konnten ihn ein Stück seines Lebensweges begleiten und ihm wertvolle Hilfestellung an die Hand geben. Das motiviert mich jeden Tag aufs Neue mitzuarbeiten!

„Du bist Luft für mich“, schrieb ein Vater als Antwort-SMS an seine Tochter, die ihn kennenlernen wollte und ihm sagte, sie brauche ihn gerade sehr. Es ist erschreckend und traurig, wie Erwachsene mit Kindern umgehen und sie zutiefst im Herzen und in der Seele verletzen. Ich finde, es ist so wichtig, dass wir für jedes verletzende Wort, tausend schöne Wörter finden, um die Kinder wieder aufzurichten. Das sehe ich als meine wichtigste persönliche Aufgabe in der ['blu:boks]: schöne und gute Wörter glaubhaft den Kindern sagen – denn sie sind es wert!

Diese Veränderung/Entwicklung bei den Kindern und Jugendlichen habe ich in meinem Workshop erlebt

Die Anfangsrunde: Ein 9-jähriger Teilnehmer hatte immer nur eine Antwort auf die Frage, wie es ihm heute und seit der letzten Woche gehe. Die Antwort war stets: „Mir geht es scheiße. Mein Leben ist scheiße. Es ist wirklich alles scheiße. Ich meine das genau so!“ Meine Frage war dann: „Gibt es nicht irgendetwas in deinem Leben, das vielleicht doch nicht so schlimm ist? Wir werden etwas finden, die Schule, deine Freunde, deine Familie ...? „Nein!“, sagte das Kind. „Alles ist scheiße, die Schule, die Freunde, die Familie, nichts macht Freude im Leben.“ Einige Monate später hatten wir einen Bereich gefunden, der nicht scheiße war, endlich! Die ['blu:boks] war schön. „Hier ist alles schön“, sagte der Junge und war sich dabei ganz sicher.

Warum ich mich als Mitarbeiter/Mitarbeiterin in der ['blu:boks] BERLIN einbringe

In meiner christlichen Gemeinde hatte ich die Möglichkeit und den Raum, mich frei zu entfalten, meine Fähigkeiten auszuprobieren und bekam dabei liebevolle Unterstützung. Diesen Raum möchte ich nun für Kinder kreieren, die keine Gemeinde haben. Ich möchte eine Begegnung schaffen, in der sie angenommen werden, wie sie sind, in der sie aufgebaut werden, wenn andere in Schule und Familie sie nicht unterstützen (können) und in der sie kreativ werden können, um mit Fantasie und Freude ihre Zukunft zu gestalten.

Grundsätzlich betrachte ich ein Leben in reiner Selbstverwirklichung als nicht sonderlich attraktiv oder erstrebenswert. In der ['blu:boks] denken wir für andere, meist Schwächere. Die Arbeit mit den jungen Menschen finde ich besonders wertvoll, da man hier oft noch positive Impulse geben kann, die einen bleibenden Wert haben. Außerdem empfinde ich die Arbeit mit einem Team von Leuten, die alle ein Herz für soziales Engagement in Verbindung mit künstlerischem Arbeiten haben, als besonders schön und erfüllend. Der Grundgedanke der ['blu:boks] BERLIN, Kinder und Jugendliche durch Wertschätzung aufzubauen und Impulse für ein konstruktives Leben zu geben, motiviert mich. Und dass die ['blu:boks] sich immer aktuellen gesellschaftlichen Entwicklungen stellt, wie der aktuellen Flüchtlingskrise, wo wir schnell und unkompliziert Angebote für ein benachbartes Flüchtlingsheim zur Verfügung gestellt haben, finde ich klasse.

... von Ämtern und Schulen

In der Praxis hat sich gezeigt, dass eine enge Zusammenarbeit mit den Sozialämtern und den Schulen vor Ort für eine sozial-kulturelle Arbeit mit Kindern und Jugendlichen essenziell wichtig ist. So können Informationen ausgetauscht und gemeinsam Pläne erarbeitet werden, um das Kind oder den Jugendlichen effektiv und nachhaltig zu unterstützen. Die ['blu:boks] BERLIN hat mehrfach durch das zuständige Jugendamt Kontakt zu Kindern und Jugendlichen bekommen, die daraufhin Teilnehmende wurden.

Eine jugendliche Teilnehmerin musste aufgrund von furchtbaren Zuständen aus ihrem Familienumfeld herausgeholt werden. Sie lebte von nun an in einem betreuten Wohnheim. Der einzige Ort, an dem sie sich sicher und aufgehoben fühlte, war während dieser Zeit die ['blu:boks] BERLIN für sie. Ihre Sozialarbeiterin rief die Einrichtung eines Tages an und berichtete, dass bei einem Termin beim Jugendamt die sehr schweigsame und verschlossene Jugendliche auf eine persönliche Frage nur antwortete: „Fragt die ['blu:boks] wie es bei mir läuft, die kennen und lieben mich wie kein anderer."

Eine Lehrerin rief im Büro der ['blu:boks] BERLIN an und meldete an, dass sie gern Feedback über die Einrichtung geben würde und lud den zuständigen Mitarbeiter eines stark verhaltensauffälligen Teilnehmers zu einer Schülerversammlung ein. Bei dieser Veranstaltung trug der Teilnehmer vor 300 Mitschülern und Mitschülerinnen ein Gedicht in Form von Rap-Musik vor. Sie berichtete anschließend, dass der Teilnehmer seit zwei Jahren massiv gemobbt wurde und sie sich sehr um sein Wohlergehen sorgte. Eigentlich hätte sie ihm nie zugetraut, vor Mitschülern und Mitschülerinnen aufzutreten, geschweige denn, ein selbstgeschriebenes Gedicht aufzusagen. „Seitdem er aber Teil der ['blu:boks] BERLIN ist, löst er Konflikte anders und hat das Selbstvertrauen, sich verbal dagegen zu wehren", berichtete die Lehrerin.

Katharina wuchs in einem von Gewalt und Streit geprägten Elternhaus auf. Die Nachlässigkeit der Eltern ging sogar so weit, dass Katharina mehrfach obdachlos auf einer Parkbank übernachten musste. Dies hatte zur Folge, dass es mehrere Schulwechsel und keine Versetzung in die nächst höhere Klasse gab. Katharina nennt die ['blu:boks] BERLIN ihre „Familie " und auch den Ort, an dem sie ihr Tanztalent weiterentwickeln kann. Der zuständige Lifecoach kümmerte sich darum, dass ein Sozialarbeiter fortan die Familienangelegenheiten im Blick behält. Der Lifecoach und das Sozialamt halten Kontakt über die Entwicklung des Teenagers. Katharina geht nun wieder regelmäßig zur Schule und möchte ihren Schulabschluss machen.

... von Teilnehmenden

„Mein Name ist Nadja. Ich bin vor ein paar Jahren nach Berlin gezogen und hatte es schwer in der Schule, weil ich häufig wegen meines Aussehens gemobbt wurde. Da habe ich angefangen, die Schule zu hassen, aber auch mich zu hassen. Ich bin seit 2009 in der blu:boks. In der boks war ich in den ersten Jahren nur im Tanzworkshop, später habe ich das Rappen im Tonstudio entdeckt und bin mit der Gruppe „Super Mädchen" deutschlandweit aufgetreten. Durch die Tanz und RapAuftritte mit der blu:boks bin ich immer selbstbewusster geworden, habe gelernt mich zu akzeptieren und stolz auf mich zu sein. Die blu:boks ist wie ein zweites Zuhause für mich, hier habe ich neue Freunde gefunden und ich habe gemerkt, dass ich mit den Mitarbeitern über alles reden kann. Egal ob ich zuhause Stress hatte oder es Probleme in der Schule gab, ich konnte immer mit jemanden reden. Die blu:boks hat mir auch sehr dabei geholfen, meinen Schulabschluss zu machen. Sie haben mir gezeigt, dass man dranbleiben muss, wenn es schwierig wird. Heute bin ich Auszubildende - und auch diesen Ausbildungsplatz hätte ich ohne Hilfe der blu:boks nicht bekommen. Die Ausbildung ist manchmal anstrengend, aber sie macht mir Spaß und meine Noten in der Berufsschule werden immer besser. Ich habe die Hoffnung, dass ich diese Ausbildung erfolgreich beenden werde." (Originalbrief von Nadja, 17 Jahre)

Im Rahmen einer Kinderkonferenz durften die Teilnehmenden der ['blu:boks] BERLIN eine Sprachnachricht über ihre persönliche Entwicklung auf Band sprechen. Im Folgenden werden diese Nachrichten wiedergegeben:

„Die ['blu:boks] ist mein Zuhause. Hier komme ich hin, wenn ich Stress hab und keinen Bock mehr auf Streiten." (J., 12 Jahre)

Durch Schauspiel und Singen in der ['blu:boks] ist mein Selbstbewusstsein größer geworden. (T., 9 Jahre)

Für mich hat sich verändert, dass ich jetzt öfter nachmittags ein cooles Programm habe und mir nicht langweilig ist und dass ich hier Freunde gefunden habe. (A., 11 Jahre)

Ich bin glücklich, seit ich in der boks bin, da ich hier meinen Freund kennengelernt habe, und dass hier alle super lieb sind und nett und man kann über alles reden. (S., 16 Jahre)

Ich find es hier schön, dass man hier viel lernen kann und ich hab' auch viel für die Schule gelernt, dass man besser zuhören sollte. (B., 8 Jahre)

Also ich find die boks cool, weil man lernt hier ganz viel und das neue Zentrum ist auch ganz groß. Wir lernen hier ganz viel Tanzen oder Musik. Es gibt im Zentrum dann auch neue Workshops, die ich bisher noch nicht kenne, aber die bestimmt auch ganz viel Spaß machen werden. (O., 10 Jahre)

Dass wir in der ['blu:boks] bisher ganz tolle Sachen gemacht haben und die gefilmt wurden, wo wir etwas über Australien erzählt haben. Und das tollste am Film war, dass mein Bruder mich gefilmt hat. (R., 7 Jahre)

In der ['blu:boks] habe ich gelernt, dass ich nicht vor Problemen wegrennen soll. Ich komme jetzt mehr aus mir heraus. (L., 17 Jahre)

Ich wollte nur mal sagen, dass ich, seitdem ich in der boks bin, eine Freundin gefunden hab, die jetzt meine beste Freundin ist. (T., 9 Jahre)

Ich hab' gemerkt, dass ich mit anderen Menschen besser umgehen kann, sonst nichts wirklich, weil ich noch nicht so lange hier bin. (H., 14 Jahre)

Mein Leben hat sich verändert, seitdem ich hier bin. Ich bin froh, dass ich hier tanzen lernen kann und dass ich mich mit Freunden treffen kann. Es ist einfach nur cool hier, das ist das Beste was mir je passiert ist. Ich freue mich, dass ich hier sein darf. (S., 8 Jahre)

Vom WORT zur TAT

6. Warum es sich lohnt anzufangen!

Warum sind die nächsten Seiten frei? Weil SIE jetzt an der Reihe sind!
Schreiben Sie auf, was Sie beim Lesen besonders angesprochen hat. Notieren Sie sich, wie Ihre sozial-kulturelle TRAUM-Einrichtung aussehen sollte. Schreiben Sie auf, wer Ihnen dabei helfen kann, dies in die Tat umzusetzen.
Schreiben Sie drauflos, lassen Sie sich nicht von Ihren eigenen Zweifeln oder möglichen Hindernissen aufhalten. Es lohnt sich anzufangen! Es ist IHR Leben.

Die ['blu:boks] BERLIN glaubt mit allem, was sie hat und was sie ist, an das Potenzial der Kinder und Jugendlichen in Berlin-Lichtenberg. Diese Überzeugung trifft auch auf die Menschen außerhalb unseres Kiezes zu. Egal wie alt Sie sind, egal woher Sie kommen und egal wie Ihre Vergangenheit ausgesehen hat: SIE haben die Möglichkeit, Ihr Leben und das Leben von anderen Menschen zu verändern!
In der letzten Bühnenproduktion durften unsere Teilnehmenden das Thema des Stückes festlegen. Sie entschieden sich für eine Aussage, die nicht besser passen könnte:

„Sei du selbst die Veränderung, die du dir wünschst in dieser Welt!“

In diesem Sinn: LOS GEHT'S!

Der Platz ist zu Ende, aber Ihre Ideen noch nicht?
Dann nehmen Sie sich ein Notizbuch und schreiben Sie weiter!

Anhang

Verwendete und weiterführende Literatur sowie Links

- Bandura, Albert: Lernen am Modell. Ansätze zu einer sozial-kognitiven Lerntheorie, Klett-Cotta, Stuttgart 1994.
- Böhnisch, Lothar: Pädagogische Soziologie. Eine Einführung (Grundlagentexte Pädagogik), Juventa Verlag, München ²2003.
- Braune-Krickau, Tobias / Ellinger, Stephan (Hrsg.): Handbuch diakonische Jugendarbeit, Neukirchener Verlagsgesellschaft, Neukirchen-Vluyn 2010.
- Braune-Krickau, Tobias / Ellinger, Stephan / Sperzel, Clara (Hrsg.): Handbuch Kulturpädagogik für benachteiligte Jugendliche, Beltz Verlag, Basel 2013.
- Conta Gromberg, Ehrenfried: Handbuch Sozial-Marketing. Strategie, Praxis, Trends – durch zielgerichtete Kommunikation zum Erfolg, Cornelsen Verlag, Berlin 2006.
- Fthenakis, W. E. (Hrsg.): Resilienz. Widerstandsfähigkeit von Kindern in Tageseinrichtungen fördern. Beiträge zur Bildungsqualität, Beltz Verlag, Basel 2004.
- Harris, Thomas A.: Ich bin o.k. – Du bist o.k.. Wie wir uns selbst besser verstehen und unsere Einstellung zu anderen verändern können – Eine Einführung in die Transaktionsanalyse, Rowohlt Verlag, Hamburg, [49]2001.
- Hebel, Torsten / Schneider, Daniel: Freischwimmer. Meine Geschichte von Sehnsucht, Glauben und dem großen, weiten Mehr, SCM Hänssler, Holzgerlingen 2015.
- Henderson Grotberg, Edith: Resilience for Today – Gaining strength from adversity, Greenwood Publishing Group, Santa Barbara 2003.
- Hüther, Gerald / Hauser, Uli: Jedes Kind ist hoch begabt. Die angeborenen Talente unserer Kinder und was wir aus ihnen machen, Knaus, München 2012.
- Juul, Jesper: Dein kompetentes Kind. Auf dem Weg zu einer neuen Wertgrundlage für die ganze Familie, Rowohlt Verlag, Hamburg [13]2009.
- Maldoom, Royston: Tanz um dein Leben. Meine Arbeit, meine Geschichte, S. Fischer Verlag, Frankfurt am Main 2010.
- Maxwell, John C. / Parrott, Les: 25 Ways to Win with People. How to Make Others Feel Like a Million Bucks, Nelson Business, Nashville 2010.
- Saalfrank, Katharina: Du bist ok, so wie du bist. Beziehung statt Erziehung, Goldmann Verlag, München 2014.
- Zander, Margherita: Armes Kind – starkes Kind. Die Chance der Resilienz, VS Verlag für Sozialwissenschaften, Wiesbaden [3]2010.

Links

- www.bluboksberlin.de
- www.facebook.com/bluboks
- www.youtube.com/user/bluboksberlin
- www.twitter.com/bluboks
- www.flickr.com/photos/bluboksberlin

Über den Autor

Carsten Stier ist Theologe und Schauspieler. Er spielt nebenberuflich an professionellen Theaterbühnen in Deutschland und unterrichtet Auftrittskompetenz für Kulturschaffende und Manager. In den ersten Jahren der Arbeit der ['blu:boks] BERLIN leitete er den Schauspielworkshop. Er ist Autor und Regisseur der ['blu:boks] BERLIN – Bühnenproduktionen „Zeig, was du kannst!" (2011) und „Das Blaue Wunder" (2013). Sein Artikel über die Kinder- und Jugendeinrichtung ist 2013 im „Handbuch Kulturpädagogik für benachteiligte Jugendliche" im Beltz Verlag erschienen. 2015 war er Projektmitarbeiter in der Stiftung Christliche Wertebildung gGmbH und tourte mit seinem Ein-Personen-Stück „WERTHERschlachen" in Schulen und auf Kinder- und Jugendfestivals diverser Theater in Deutschland. Seit 2016 ist Carsten Stier als Leiter der ['blu:boks] BERLIN für die inhaltliche und strategische Ausrichtung der Arbeit zuständig.

Danksagung

Dieses Buch ist meinen Großeltern Nehta und Helmuth Klingner und meinen Eltern Angela und Christoph Stier gewidmet, die mit ihrer Wertschätzung und bedingungslosen Annahme mein Leben schon in jungen Jahren maßgeblich beeinflusst haben und die mir stets Vorbilder im Glauben an Gott und in ihrer Liebe zum Nächsten waren und immer noch sind.

Für ihren Beitrag und die Unterstützung zu diesem Werk danke ich von ganzem Herzen Torsten Hebel, Martin Schaefer, Thomas Klischke, Philip Thomas, Daniel Neumann, Anna Noss, Babs und Jörg Stepczynski, Louisa Theodoridis, Malte Hinrichs und besonders Martin Knispel und Hartmut Hühnerbein sowie Siri Alecco-Uhland.
Ohne die phänomenale Mitarbeiterschaft der ['blu:boks] BERLIN, die sich mit ihren Talenten und mit vollem Herzblut jeden Tag in die Arbeit stürzt, wäre es nicht möglich, diese Arbeit zu machen. Ihr seid unglaublich wert-voll! DANKE!